野力再生

翻轉社區營造DNA

侯志仁 主編

各界推薦

這本書不只是行動指南、成果武力展示，而是分享人如何深刻地生活在一方土地，與人一起。每篇文皆可看見撰文者所紮的根，從爬梳地方脈絡、實際行動、反思與調整。人權運動有句口號：「沒有我們的參與，不要替我們做決定。」《野力再生》中的行動者們，不僅與在地的「我們」同行，更成為了「我們」，使「我們」的定義更加豐富、繽紛。

——朱剛勇｜「貧窮人的台北」策展人、「人生百味」共同創辦人

繼《城市造反》、《反造城市》，以及《反造再起》一系列拓展都市空間想像與社區發展願景的精采合集之後，《野力再生》帶給我們十五個「土生土長」、自庶民生活世界萌發的國內社造實例。這些充滿「野力」的行動故事，讓我們看到體制與專業框架之外，存在著各種社會自我修復與創新的可能方式，而觀察、融入、同理，與共作，則是捕獲與培育地方動能的不二心法。

——呂欣怡｜國立台灣大學人類學系教授

過去參與台灣社區營造推動的經驗，讓我深知引導社區看見自己擁有的資源，進而產生認同，長出力量的過程非常重要，是社區持續營造的動力來源。其中最重要核心價值就是讓社區決定自己的事，擁有勇於決策、承擔的主體性，才能不依賴外來者，本書蒐集了十五個案例，讓社區工作者能真切地描述出與社區互動的心路轉折與摸索，及自我對話後沉澱累積的教戰守則，交織呈現出社區設計心法。值得推薦給想要學習社區工作方法，或陷在社區工作中，需要有人對話的你。

——吳碧霜｜曾任台灣社區營造學會秘書長、台北市社區營造中心執行長、現任主婦聯盟環境保護基金會執行長

本書編著者用心收集了台灣十五個案例，每篇作者均是案例背後的推手執行者，親筆描述參與者的心路歷程，以及過程中的轉折。打破制式營建制度，試著「捕獲」來自於社區與社群的個體與網絡「野力」，形成一個滾動社區成員的學習與參與過程，同時帶動社區的景觀營建與產業經營轉變。該十五個案例經驗匯整成書，成為共同營造永續社造的工作指南。

——侯錦雄｜虎尾科技大學名譽教授、東海大學景觀系兼任教授

《野力再生：翻轉社區營造DNA》一書的發刊，令人十分興奮。因為，本書的十五個案例都是台灣在地社區的營造成果；其次，這些案例幾乎都是由三、四十歲的中、青代行動者長期投入、參與，與社區民眾共同促成的實作；第三，每個案例的內容要點，乃如「導讀」作者侯志仁所說的，是透過「野力」的社區內在、自發動能與過程形塑的寶貴經驗，而且過程中「捕獲野力」的方式是多樣的，是翻轉社造DNA的一種途徑，也是台灣在地社造經驗的特色；所以不但值得國人認識、參考，而且可以拿出來與其他國家或地區相互交流、分享。

——陳亮全｜國立台灣大學建築與城鄉研究所退休教授

從一九九四年起，以新港文教基金會董事長身份，由下而上推動大興路造街美化，到後來由上而下負責九二一災後重建，以及行政院跨部會整合的「創意心點子計劃」，「社區參與式設計」在協助社區凝聚共識、解決生活生產、災後重建、古蹟保存，甚至健康照顧等難題，一直是讓人又愛且又恨的方式。看到西雅圖華盛頓大學侯志仁教授《野力再生：翻轉社區營造DNA》，國外到國內，努力在離島、部落、農村到都市，捕捉台灣社區再生的野力，值得慶賀及學習，也誠懇向您推薦。

——陳錦煌｜新港文教基金會創會董事長、前行政院政務委員兼九二一重建會執行長、現新港小鎮醫師

在這本書中各篇野性充滿、各自獨特的案例裡，我看見當代規劃設計專業者、地方工作者，因著自身的結構位置不同、想解決的命題不同、握有的工具資源不同，但同樣為了創造更好的生活品質、更為友善、共好的社群經驗，而

有了非典型、各自秀異的地方營造過程。如何打造一個魅力的地方其實沒有SOP，但若能悉心看見每一個地方的「野力」，也開放自己從日常生活脈絡中，與地方共創「野性」的各種可能，相信是這本書對同樣在地方工作的你我，非常珍貴的啟發！

——郭麗津｜台東慢食節策劃人、津和堂城鄉創意顧問公司執行長

也許，社區營造有千百個名字，由不同的人、不同的角度，就看出不同的樣子。但名字其實不重要，某時某地某一群人，做出令自己人、外人乃至後來的人，發自心底的一聲「讚」「好欸！」，就值得流傳下去了。《野力再生：翻轉社造DNA》分享了十五個經驗，從他（她）們的故事，正可以看出社區生活何等寬闊、生命想像何其多樣，而社區的行動者如何用心！宮崎清老師很早就說：我們會到社區觀光，什麼光呢？就是人心的光華。每每閱讀社區案例，都希望多了解從事社造者的「用心」。那麼，就歡迎大家一起來品味這十五道人心之華吧！

——曾旭正｜國立台南藝術大學視覺藝術學院院長

當社區營造、公民參與、地方創生、USR等種種進步創制面對制式化與形式化威脅之際，感謝侯教授和本書作者群用「野力」來提醒我們記得初衷。曾經在社區組織工作或公共參與感到挫折心累的人，一定要好好閱讀本書，就會看見挫折心累之必然與必須，並且從這許多第一線行動者的經驗中，獲得工具、策略和哲學上的啟發。我特別喜歡每篇開場的「教戰守則」，這是需要多少時間與心力結晶出的智慧啊，不可不細細品味。

——彭渰雯｜國立中山大學公共事務管理研究所教授

社會與國家的進步，無法只靠單一面向的進擊。國家提供社會改造的資源，人民參與社會改造的空間，這是台灣推動社區營造之後的社會發展狀態。這都需要彼此接納與學習；也需要彼此容忍衝突與互相欣賞和鼓勵。在本書中我們看見跨世代、跨領域的各界，從社造的精神出發，為進步社會所作出的貢獻，這些典範，將引領台灣更有力氣的未來。惟，國家與人民都需更加地覺醒，如何用此社會力打造更堅固的防禦系統，共同面對台灣更艱困的未來。

——廖嘉展｜新故鄉文教基金會董事長

侯志仁（Jeff）這次邀約了這麼多「案例」的主人、寫出故事，主編成《野力再生》一書，我特別注意「野力」這兩個字，用「野力」來詮釋這十五個非常「生猛有力」並隱含「創意策略」的故事。譬如，來自書中劉可強教授與馬祖芹壁天后宮「鐵甲元帥」（青蛙神），在擴建宮前廣場和新建牌坊的溝通討論過程，這樣的「載體」猶如戴上繡有「埔鹽順澤宮」字樣鴨舌帽的男子鐵人三項的挪威選手一樣，七次奪冠生猛有力！這本書也是一頂「神帽」，推薦給日常努力之外，需要深度了解社造中「非正式營造」經驗的夥伴們，尤其是正關注在「水環境」議題的社區與社群們，值得一看。

——劉柏宏｜Ours專業者都市改革組織理事長、經典工程顧問有限公司負責人、資深社區規劃師

列斐伏爾（Henri Lefebvre）的著作《空間的生產》（*The Production of Space*）中有一句名言：「空間是社會的產物」。意簡言賅地指出：空間的生產是共享的；而且伴隨著時間的推移，空間的生產是持續動態進行著。最後，則是空間中共同生活的社會群眾，與生俱來的政治性，其間充滿著權力與授權、互動與隔離、控制與自由等雙元對立的動態性，透過本書案例，可以管窺近十年台灣民主政治發展下，社會空間意識的覺醒與社群行為的轉變，同時也提醒吾輩空間專業者，面對愈來愈凝固的資本主義城鄉建制影響，如何創意解放社區野力、尋回草根戰鬥的張力，持續推動改變空間生產的另類方法及機會。

——蔡厚男｜國立金門大學都市計畫與景觀學系副教授

此時的台灣，社區的培力、參與及賦權，已逐漸因公、私部門生產線式的操作，被簡化與僵化；許多人與單位深陷其中而不自知，卻還自得意滿、四處宣傳。侯志仁老師邀集的十五個地方故事正深刻地提醒著我們，放下政策口號，真實地回到地方的紋理與脈絡，逐步與居民共同推展不自我設限的在地行動，才能讓我們看見優化未來生活的可能方案。

——樓琦庭｜珍宇設計工程顧問有限公司負責人

目錄

序

侯志仁——文

二〇一七年，我和幾位夥伴在博士班導師藍迪．鶴斯特（Randy Hester）的號召下，出版了一本社區設計的工具書，名為《當設計變民主了：集體創作的技法》（Design as Democracy: Techniques for Collective Creativity）[1]。鶴斯特是加州大學柏克萊分校的榮譽退休教授，也是美國推展社區設計的先驅，他當年在北卡州立大學的老師亨利．山禾夫（Henry Sanoff），更是這個領域的創世者，著有《設計遊戲》（*Design Games*）等書。或許受到山禾夫的影響，鶴斯特非常重視社區設計的方法，早年提出「參與式設計的十二個步驟」，從凝聽、目標設定，到後續的評估，建構一套完整、操作性高的程序。

在北美洲，社區設計、社區發展與社區營造，同步發源於六〇年代，經歷半個世紀的發展，社區設計所倡導的參與式設計，已普遍在專業界所應用，甚至法制化。隨著資訊的傳播與專業的交流與傳授，社區設計的方法也擴展到世界各地，在不同的脈絡下開展出不同的面貌。《當設計變民主了》一書即意圖收集這些日益多元的技法，持續推進社區設計的發展。為了讓這些方法可以被清晰呈現，我們請每位作者記下具體的步驟，並舉出一個案例來呈現方法的活用。經過兩年的籌備，我們總共收集了五十二個案例，案例地點遍及美洲、亞洲與歐洲。後來發現五十二剛好就是一副撲克牌的張數，真正可以變成設計遊戲。

方法固然重要，但從事過社區設計的我們也知道「方法」與技術的侷限。每個社區設計或社造的個案與過程，都有各種的不確定性，讓社區設計或社造的工作必須隨時做調整，甚至半途還要打掉重來。在美國是如此，在台灣更是有過之而無不及。也因此，原本要將《當設計變民主了》一書翻成中文的計畫，在一路的討論、推敲之後，結果卻又再一次長出了另外一本書，也就是這本《野力再生》，而且甚至是以「反方法」(anti-method)的方向，重新來思考社區設計與社區營造另類的方法論，探索以社區民眾為主體、跳出專業框架的社區設計與社造模式。

每一本書的出版都是一件費時耗力的工程，本書的出版首先感謝左岸從十年前開始一路的支持，以及所有作者們的相挺，在百忙中抽空紀錄他們寶貴的經驗與反思。從《城市造反》與《反造城市》，到《反造再起》，每一本書的作者群都一樣有研究者和前線的社區工作者，這次的作者中更不乏社造的前輩、後進，以及身兼數職、三頭六臂，甚至和社區民眾一起參選進而當選公職的社造佼佼者。此外，本書作者之一的連振佑老師更是貢獻重大，除了參與寫作外，幾次一起的討論與腦力激盪，讓這本書的概念，從方法到反方法的方向逐漸成形。

本書寫作的過程經歷了新冠病毒的疫情，當時所幸獲台大城鄉所與政大創新國際學院的邀請，擔任訪問教授，前後在台灣待了一年半，不僅躲過了疫情，還有機會接觸到更多的台灣案例以及社造的工作者。書中「苑裡掀冊店」

與「空地樂園」等案例，就是在城鄉所任教時，透過課堂上的學生所認識的案例。其他如「西尾半島物產店」與「基層共學」等案例，也是因為長住台灣，才得以親自造訪，也在此感謝城鄉所的邀請，與創新國際學院的接待，以及那段期間各界熱情的邀約。

所有的知識與經驗都是累積而成的，因此本書的出版也要感謝過去曾經幫我們引路的前輩們，其中特別要感謝喻肇青老師一路的支持與提攜。喻老師不僅是台灣社造界的先驅，也是我進到社區設計領域的啟蒙者。一九八九年間，透過丘如華老師的引介，我利用暑假回台的期間，參與了喻老師所帶領的中原大學工作隊，在三峽老街做歷史街區的調查。當年社造的名詞在台灣都還不存在，但那個時候的經驗成了後來我社造工作的養分。之後我們一群人在加大柏克萊分校成立了「環太平洋社區設計網絡」(Pacific Rim Community Design Network)，喻老師也是發起人之一（當時還有鶴斯特、西村幸夫、木下勇、劉可強、夏鑄九與張聖琳老師等人）。環太平洋社區設計網網絡的運作，自九〇年代開始持續至今，串連起美洲與亞太地區、跨文化與跨世代的社區設計與社造工作者，彼此定期聚會交流、相互切磋。無論是社區設計或社造在台灣的發展，或是環太平洋專業網絡的成長，喻老師均扮演了功不可沒的角色，謹以此書獻給已故的喻肇青老師。

二〇二二年十月於西雅圖

1 de la Peña, David, Diane Jones Allen, Randolph Hester, Jeffrey Hou, Laura Lawson, and Marcia McNally, (eds.) 2017. *Design as Democracy: Techniques for Collective Creativity*. Washington, DC: Island Press

1

捕獲野生社區再生

侯志仁——文

侯志仁——西雅圖華盛頓大學地景建築系教授，沒事自找編書的苦差事，可是編完一本之後又接著一本，包括：《城市造反：全球非典型都市規劃術》、《反造城市：台灣非典型都市規劃術》與《反造再起：城市共生ING》，英文著作亦以公民城市與空間民主為主題，曾三次獲「環境設計研究協會」（EDRA）著作獎（Places Book Award）（2010、2012、2018）。

從九〇年代至今，社區營造在台灣已有將近三十年的歷史。當年原稱為「社區總體營造」的政策啟動，兼負著社區再生與地方文化振興的使命，多年下來，「社造」這個原本艱澀的字眼，竟然成為從專業到民間，大家琅琅上口的概念。

但就像所有流行的語詞一樣，社造一詞也有被濫用、甚至誤用的現象，好像只要扯上「社造」，凡事就可以被合理化、正當化。以台北市為例，柯市府一面強推社子島區段徵收，另一方面卻又以「社區營造」來活化當地歷史建築，「凝聚住民的情感以及彼此照顧的網絡」[1]，就是一個矛盾又令人錯愕的案例。

的確，社區營造在台灣，經常就是一個充滿矛盾、反差強烈的過程。一方面，社造長期有政策與政府資源的挹注，但我們卻又期待居民自發性的動能；另一方面，社造的理念提醒專業者要讓社區主動出擊，不能喧賓奪主，但在社造的過程中，居民仍習慣性地期盼專業者能夠提出問題的解方；此外，無論是政府或民間，大家都知道社造需要長期的經營與打拼，無法一蹴即成，但補助單位卻又要求立即的成效，甚至是可以量化的ＫＰＩ。

究竟社區的「動能」要從哪裡來？專業者如何與社區連結、催化社區能量的展現？計畫性與自發性過程之間的平衡點在哪裡？規劃與變化要如何滾動與銜接？計畫型的「介入」或「擾動」是否可以促成「野生」的社區再生？這些就是本書要去回答的問題。

第一次辦說明會就凸槌

回到九〇年代的場景，當年五結鄉的利澤社區，是宜蘭社造啟動的首批「種子社區」之一，當時我們剛到宜蘭成立工作室不久，剛好遇到社造政策的啟動，一口氣接下了三個點的社造計畫，如果沒記錯的話，三個點包括南方澳、利澤與羅東北成里。利澤社造計畫的初期，我們想辦一場社區說明會來啟動這個計畫，初次接觸社區的我們，順理成章請了對口的社區發展協會理事長，來幫忙聯絡、邀請社區居民。

說明會當天是一個晴朗的週日，午後的利澤老街十分寧靜、氣氛悠閒，我和計畫助理兩人早早在社區活動中心把會場整理好，等待居民到來。然而，說明會開始的時間一分一秒過了，居民卻一個人影也沒有，老街悠閒的氣氛，頓時凝重起來，最後理事長和里長兩人姍姍來遲，但居民始終沒有出現。

說明會當然沒有開成，但這個出師不利的經驗，卻讓我們上了寶貴的社造第一課。我們學到，要找居民就要到他們平常生活的場域；要與民眾互動，要先透過他們所熟悉的活動。有了這些過程，加上有新的社區夥伴的加入，後來的利澤社造也開始有了進展，在同事接棒後還帶出老街傳統慶典活動的創新與改造，流傳至今。

西雅圖華埠國際區

過去二十年我在西雅圖任教的期間，有幸參與了當地華埠國際區（Chinatown International District）的社區事務，早年在台灣的經驗在這過程中十分受用（心頭的陰影也還在）。例如，與其大費周章邀請居民來開會，我們會先探聽：有沒有平常的活動能讓我們參加？我們會嘗試先在居民的舒適圈裡跟他們互動、交流，在過程中也置入新的事物，提升他們的知識與技能。多年下來，從社區長輩共餐時間與感恩節餐會，到夏日的街頭集市、年節活動，甚至活動中心每週固定的乒乓球時間，都曾經被我

上｜圖1.1
「設計吃到飽」工作坊讓居民邊玩邊設計。

下｜圖1.2
廣東巷的空間活化活動。

們挪用，當作民眾參與的場景。

有一年，我們還把一堂社區長輩所上的英文課，改造成讓長輩們可以一邊學英文、一邊做設計的參與式社區設計工作坊。長輩們在動手做設計的同時，也一邊認識公園設計常用的英文單字。此外，我們也曾經將居民擅長的自助餐夾（ㄑㄧㄤˇ）菜技能，轉化成工作坊的操作模式，讓居民動手做設計，變得跟吃自助餐一樣容易上手。這個我們稱為「設計吃到飽」（Design Buffet）的方法，讓原本社區「野生」的技能與資源，融入規劃的流程中，不僅毫不違和，反而事半功倍，得到居民更積極也更自然的參與和回應。

有了這些早年的經驗後，國際區的在地社區團體，近年來已學會善用辦活動的方式，吸引居民參與各項社區環境改善的案例。「廣東巷」的改造就是一個例子，這條位於華埠國際區裡的巷弄，在早年巷內還有住家時，曾經是社區小朋友平日的遊戲空間。但隨著社區人口外移，被閒置的巷弄如今都成了髒臭的空間、甚至是治安的死角。巷弄環境的改善，在社區討論中常常被提起，卻一直沒有具體的方案或行動。由於改善工程所需的經費不小，爭取預算、規劃設計與施工的過程也會很長，發起巷弄空間改善的社區團體決定先從辦活動開始。

在初期沒有經費的情況下，各式各樣、大大小小的活動，卻成功地活化了這個被遺棄多年的巷弄空間，包括把麻將桌直接搬到巷子裡讓長輩們來打麻將、戶外藝廊、演場會、烤肉晚會、新書發表會、社區園遊會等。一般社區的活化，通常會先透過硬體空間的改造，來滾動社區的參與，但廣東巷的案例，卻是直接以活動來活化空間，之後規劃與工程的經費才陸續到位，用於巷道鋪面與照明的改善，並邀請社區藝術家來執行公共藝術的創作。

松戶小金宿兒童探險隊

西雅圖華埠國際區的這一套操作方式，受教於我早期在台灣的案例，也參考了日本社造友人的經驗。幾年前剛從千葉大學退休的木下勇教授，是我長期跨國合作的夥伴。二十年前，華盛頓大學與千葉大學的一個教學合作計畫，讓我有機會參與他在松戶市小金宿所做的社區營造。

小金宿起源於江戶時期，是江戶（現東京）通往水戶路途上的休息站之一。由於離現今東京市區，僅有不到一小時的地鐵車程，居住在這裡的居民，大部分已是外地遷入的東京上班族，社區的商業重心也從早期的老街，移轉到車站前的高層購物中心。為了振興老街，並拉近新舊居民之間的距離，木下老師與一群社區店家老闆、學校老師和寺廟的住持，成立了一個社區俱樂部，定期聚會討論社區振興的事務。

由於東京上班族的工作忙、工時長，要他們來參與社區事務的困難度很高。因此，同時也是兒童與青少年參與專家的木下老師建議：何不先從學校兒童的參與開始？

俱樂部的成員於是決定跟在地小學合作，舉辦一個為兒童設計的「小金宿探險隊」，由俱樂部成員裝扮成歷史人物，帶著小朋友參觀社區裡的古蹟名勝，途中也穿插在地老店家的拜訪，包括街上至今仍用井水製作豆腐的老牌豆腐店。小朋友回家後會跟上班族的家長描述當天參觀的地方，同時也幫忙推銷老店裡古法製作的豆腐，一舉兩得。

兒童探險隊的模式，成功讓新住民更了解當地的風土民情，也為老街店家帶來新的客群。這樣的成果讓俱樂部成員產生了信心，開始籌辦更多的活動，包括社區音樂會與展覽，吸引新舊居民的參加。

從一日咖啡廳到社區口袋公園

小金宿有趣的案例不只有社區探險隊，有一年，我跟木下老師進行了一次實驗性的跨國合作設計課，讓千葉大學與華盛頓大學的學生，透過遠距交流來做社區設計（那是還沒有視訊軟體、社交媒體或iPhone的年代）。學期末，經過一個學期透過email與簡訊的合作後，我帶著我的學生們來到小金宿，和千葉大學的夥伴一起辦發表會。發表會在社區活動中心舉辦，會場上坐滿了民眾，但報告過程中大家一臉嚴肅，甚至很多人閉目養神。

熟悉這個景象的木下老師，早早安排了一的橋段，就是在正式的報告結束後，由學生們站在大圖前跟居民們直接交換意見，由千葉學生幫忙翻譯、解說，這時一路沈默的居民，開

圖1.3
居民組織「小金宿探險隊」帶著學童們認識社區。

始圍著學生七嘴八舌熱絡地討論，他們好奇地跟美國學生們問東問西，對比之前會議時安靜的模樣，簡直有一百八十度的轉變。那次的設計課，由學生們分組合作，提出許多老街上小空間改造的方案，有路邊的小圖書間，也有街角的小公園，這些小空間的用意，在於吸引居民在老街上逗留，也透過這些空間來互動、聯絡感情。

印象中，現場有一位長輩十分投入於會後的討論，我們回到美國後沒多久，木下老師就來信說他們後來在社區辦了一場「一日咖啡廳」(one-day open café)的活動，地點就是這位長輩高橋先生在老街上自家的院子。「一日咖啡廳」的活動相當成功，平日封閉的庭院，轉變為居民可以聊天、聚會的場所，社區原本的資源獲得活用。受到活動成功的啟發，高橋夫婦進而決定把臨街的停車棚打掉，提供出來做一處街角小公園，讓居民有固定可以休閒聊天的地方，實現了學生當時的概念（這不也就是Open Green的原型？），而且還用了我們當時所分享的實構築（design/build）作法，讓千葉大學的學生和在地的小學生一起合作，協力完成口袋公園的工程。

從「非正式參與」到「野力再生」

西雅圖華埠國際區和松戶小金宿的經驗，後來成為我和木下教授一篇論文的題材，我們認為社造與社區設計過程中，這些「非正式」的過程，與正式的機制同樣重要。相對於僵化、流於形式的社區會議或工作坊，這些非正式的過程有幾點特性：一、它讓居民的語言、日常互動、習性等可以被自然地融入於規劃與設計過程中；二、相對於正式場合常見的劍拔弩張，非正式的互動可以讓對立的雙方，可以沒有包衹地接觸、慢慢建立互信；三、非正式的活動可以帶動體驗式的學習，從真實的經驗中，獲得新的知識與認知；四、非正式的過程讓社區事務的推動可以更即興、更有彈性，更能突破僵局[2]。

這些非正式的過程，也就是本書的主題：社區「野力」，它們同時也是反造系列中常見的題材，《城市造反》[3]中的幾個案例，包括：〈在北京街頭跳舞〉、〈洛杉磯的拉丁城市主義〉、舊金山的〈占用一下〉、東京的〈新公共領域〉和多倫多與溫哥華的〈公共空間行動主義〉，儘管行動形式不同，但這些都是都市公民在正式體系的縫隙中，自主自發地進行城市空間改造的案例。

在《反造城市》[4]和《反造再起》[5]兩書中，我們進一步收集了相對應的台灣案例，包括《反造城市》中的溪洲部落、土城彈藥庫、樂生療養院、中山北路的外籍勞工聚落、大猩猩游擊隊，和溫羅町的獨立書店網絡等，以及《反造再起》裡的古風小白屋、南機拌飯、台中中區再生基地，和萬華社工網絡等，這些公民行動挑戰、也填補了正式體制的缺陷，同時也為城市與社區的改造，創造出新的可能性。

隨著社造與地方創生的議題受到廣泛重視，這本書延續反造系列的批判精神，將地方再生的過程與方法聚焦於公民行動的「非正式」過程上。在這本書中，我們用了「野力」一詞來論述這個來自民間內在、自發的動能，以及在正式體系中常被忽視的觀點與過程。「野」代表了體制之外的能量，也是一種對「專業」的反思，「野」也提醒我們：高手在民間的在地智慧，以及社區能動的重要性。

由於當前地方創生或社區再生的行動，仍然少不了有許多專業者的參與，本書所收集的案例也免不了有許多專業者介入社區或社群的經驗。在這些案例中，我們試著去觀察幾件事情：專業者如何與社區或社群連結與磨合？他們在互動過程中獲得什麼啟發或感想？計畫與自發如何媒合與辯證？專業者們如何「捕獲」社區在地的能量？融合「野力」的社區再生，創造出什麼成果與可能性？

野力再生在台灣（與馬祖）

本書收集了台灣本島與馬祖共十四個案例，作者均是案例背後的推手或執行者，透過他們的親筆描述，讓我們更了解參與者的心路歷程，以及過程中的轉折。

孩童常是社造過程中被忽略的對象，於是我們選擇了從以孩童為主角的案例開始。在汐止樟樹灣的原民部落中，小朋友的遊玩「野力」，衝撞了大人們的價值觀與城市空間的邏輯，兒童遊戲與城市空間的衝突，不僅凸顯了城市對年幼使用者的不友善，也缺乏考量到他們的能動性。在樟樹灣的衝突中，一個空地樂園的規劃，也帶動了社區不同成員之間，更多的理解與連結。

屏東美園則是另一個與孩童相關的原民部落案例。在偏山地區，由於缺乏教育資源，部落兒童的照顧，需要依賴社區互助的網絡。而自我組織的托育網絡，隨著托育與社區的參與，也延伸出農耕與學習連結，讓「教育」與學習從制式的體制，回到部落的土地與社會網路中，甚至透過畢業典禮等活動，讓整個部落動員起來。在美園，社區野力給困境帶來轉機。

有社區困境才有社區再生的課題，但困境並非是社區的專利，當專業者遇到他們不了解的事物時，也常常陷入困難中。但同樣的，困境也可能是轉機，在馬祖的芹壁村，一場與神明的鬥智，讓空間專業者見識到民間信仰的強大野力。跨文化的溝通，成了這個案例的課題與啟示。從馬祖北竿到南竿，不同的困境使下個案例「西尾半島物產店」的專業團隊慢下腳步，找到與社區共同生活、對話的方式，透過開一家店，來融入在地的生活，讓在地工作獲得再出發的契機。

本書還有兩個開店的案例，一家是苗栗苑裡的「掀冊店」，另一處則是台東長濱的「書粥」。「掀冊店」是在苑裡反瘋車運動之後，青年返鄉、在地耕耘的案例，對這群青年來說，經營書店不只是賣書，更是在經營一處社區的公共空間（或更確切說，一個連結公私領域的「第三場所」）[6]，這個開放的空間，也打開了眾多的可

圖1.4
高橋夫婦（右）將自家車位提供出來，改造成社區口袋公園，提供民眾使用（木下勇教授提供）。

能性，包括青年教育志工、在地高中生與社福組織之間的連結，形成在地的支持網絡。而長濱的「書粥」更是顛覆了社造與地方經營的模式，不同於長期的蹲點、深耕，短期換工的「淺居」，竟創造出更有野力、超越地域的關係與網絡。

除了以空間為載體之外，「捕獲」社區野力的方式還有很多種。在台北蟾蜍山和宜蘭員山中華村的案例裡，我們看到繪本與地圖，也可以是重要的媒介。在蟾蜍山，社區繪本的製作，讓長輩們找回早年的記憶與聚落的價值，而參與過程也讓長者們有了新的能動力。在宜蘭中華村，面對著礦場開發的爭議，一張紀錄台七省道頻繁車禍的暗黑地圖製作，讓居民們開始有了課題意識，展開一路的社區環境的改造與公共參與。

透過嘉義「溪計畫」的介紹，許芳瑜與連振佑兩位老師，帶我們了解該計畫團隊如何以傳統社會的「參詳」，做為連結社區網絡與動員地方的方式，透過日常性的「參詳」路徑與聚會地點，尋找社區生活中重要的空間。透過日常的「參詳」，讓社區事務與居民的生活，展開出有人情味的連結，更多的在地知識與網絡，也因此被串連、動員起來。

在傳統的鄉村社區中，這樣的參詳網絡或許還存在著，但在人口密集、流動頻繁的都會區呢？萬華社區小學所推動的城市博物館，就是一個都會型社群連結的精彩案例。透過社群媒體號召，一群原本不相識的「艋舺寫手」，讓社區的店家、產業、歷史與文化，透過「艋舺護照」的寫作，讓更多民眾知道，而紀錄、整理與報導的過程，也拉近了社區個體彼此的關係，「人與人的連結」不只是疫情中的新名詞，也呼應了萬華地區社會韌性的機制。

近年來，教育部所推動的「大學社會責任實踐」（USR）計畫，鼓勵更多的大學系所參與社區再生的工作。在左鎮的USR案例裡，成大團隊從一開始的焦慮，經過對話與學習，漸漸摸索出串連在地環境與社區資源的方法，以及專業自身的角色。在南投埔里的案例中，大學的資源中心透過與基層里長與社區組織的陪伴與培力，讓在地基層找到使力的方式，與解決問題的訣竅。

本書最後的兩個案例：桃園中聖里和「微笑基隆」，讓我們回到本書一開始的命題，亦即社造過程中，計畫與自發之間的矛盾與連結。在桃園中聖里的案例中，經驗老道的王本壯老師，帶著我們了解賦權與使能的漣漪效應，讓社區居民成為有行動力的群體。在「微笑基隆」的案例中，同樣也是身經百戰的徐燕興處長，說明基隆如何媒合社區既有的資源與能動力，打造城市治理的新模式。

翻轉社造DNA

在重新認識或試著「捕獲」社區野力的同時，我們也必須理解，並非所有的社區或社群都有足夠的內在力量，事實上，許多社區的困境就是來自於外部因素所造成的內部弱化，才會有再生或「創生」的課題。此外，「野力」也並非都是一定是正面的，社區裡的衝突、偏見或傳統勢力，也可能是社區再生的阻力而非助力。但「野力」的概念，仍然給了我們以下幾個提示：

首先，**社區再生的動力，最終必須來自於社區與社群的個體與網絡**。在本書的每個案例中，來自社區的能量，是社區改造與再生的關鍵。在屏東美園，部落的家長透過托育互助，串聯起文化教育與再生的社區網絡；在桃園中聖里，社區成員的學習與參與，形成一個滾動的過程，居民參與的改變，帶動著社區的轉變；在基隆暖暖，社區工班讓社區達人發揮所長，參與社區的改造，也照顧到更弱勢的群體。這些動力與網絡的培育，才是確保社區再生能夠長久持續的關鍵。

接著，**「野力」讓我們看到專業與體制的不足與缺失**。來自社區的力量與參與，讓我們認識不同的語言、習慣、做事方式與世界觀，從中找尋合作與協力的契機。在汐止樟樹灣，兒童的遊玩，衝撞了城市空間的局限，也讓成人們意識到他們的責任與義務；在馬祖芹壁，民間信仰的力量，讓專業者重新學習與社區對話的方式，找出專業與社區價值的連結點；同樣在馬祖，在「西尾半島物產店」的案例中，一開始的挫折與不適應，讓專業者開始摸索不同的工作方式，最後透過開店找到與社區共同的語彙。因此，對體制與專業而言，與其把野力視為阻礙，不如檢討自身的缺失與不足。

另外，**「野力」並非都是自然生成或無中生有**。雖然社區的能量才是社區再生的關鍵，但這些能量的開展，經常仍需要計畫的催化與媒介的引導。在台北萬華，城市博物館的計畫，串起社區裡的原本素不相識的寫手，集結原本鬆散的個體，讓力量再向外延伸；「苑裡掀冊店」與「長濱書粥」兩個案例，都是以書店為媒介與空間的載體，來連結個體與社會的網絡，原本不相識或不相干的人物與事物，透過書店的空間與活動，而有了連結的可能；蟾蜍山的社區繪本、中華村的暗黑地圖、嘉義的「溪計畫」和左鎮與埔里的USR計畫等也都如此。這些計畫、空間與媒介，刺激了社區力量的展現，讓社區「野力」有了可以伸展的舞台。

最後，**本書中的案例提示著：「捕獲」社區**

右｜圖1.5
陳育貞老師帶領的蟾蜍山社區繪本工作坊。

下｜圖1.6
蟾蜍山居民從自畫像中找到當年的回憶。

野力，正是再造社造DNA的一個途徑。當公民參與受限於體制而流於程序與形式時，社區「野力」提醒著我們，民主參與可以有不同的創意與可能性，這些可能性就存在於我們日常生活的聚會、交談、「參詳」、工作、抗爭或遊戲中；當計畫遇到資源或制度的限制時，社區野力提醒我們，透過互助與串連，可以集結更多的能量與可能性，化解困境；當體制過於僵化或傲慢時，社區野力讓我們看到制度與專業可能的缺陷，以及需要改革之處。

當制度與專業能夠與社區「野力」共生與共創，或許就是我們才能真正「捕獲」到社區野力。

1 明日社子島工作坊市府團隊回應（二〇二一年十一月二日）https://shezidao.gov.taipei/cp.aspx?n=D8EFDFC151BE5D43&s=D6B669FDE54BFC52

2 Hou, J., and Kinoshita, I. (2007). Bridging Community Differences through Informal Processes: Reexamining Participatory Planning in Seattle and Matsudo. *Journal of Planning Education and Research* 26(3): 301-313.

3 侯志仁（編著）(2013)《城市造反：全球非典型都市規劃術》。新北市：左岸文化。

4 侯志仁（編著）(2013)《反造城市：台灣非典型都市規劃術》。新北市：左岸文化。

5 侯志仁（編著）(2019)《反造再起：城市共生ING》。新北市：左岸文化。

6 這裡的「第三場所」指的是Oldenburg的third place，參考Oldenburg, R. (1989). *The Great Good Place: Cafes, Coffee Shops, Community Centers, Beauty Parlors, General Stores, Bars, Hangouts, and How They Get You Through the Day*. New York: Paragon House

2

空地樂園Misalama kita！從「玩」開展的社區設計

黃珮綺、廖珮璇——文

黃珮綺——念社會學與社會工作，學生時期從不同社區場域獲得滋養，研究所畢業後回到汐止家，在樟樹灣都原聚落做兒少社區工作，從孩子的真實處境反思體制的漏洞與不夠友善，走在解構社工專業框架、摸索底層兒少教育發展方向的社區工作路上。工作之餘，喜歡爬山，也和夥伴一起組成「返腳咖」在汐止行動，牽起在地互助的社群網絡。

廖珮璇——大學念文創與心理諮商，以為進入規劃設計工作是走錯棚，後來發現關係設計或差異理解的技藝，在參與工作之中都能相通。從地圖盲到熱愛揪小孩大人在社區探險，喜歡在社區工作中一起朝公共摸索的過程。工作之外，也和夥伴一起組成「返腳咖」在汐止行動，嘗試在不同位置上創造參與的可能。現任都市里人規劃設計公司C組規劃師。

教戰守則

- 空間是被玩和創造出來的，想像力就是你的超能力！
- 大人不要玻璃心，要能聽懂Wawa小霸王毒舌背後的需求（和對大人的關心）。
- 江湖在走，支持系統要有。辛苦時記得充電，向小孩訴苦或跟阿公阿嬤討抱抱都很推薦。

孩子何處去？

汐止樟樹灣，是北部具規模且集居的都市原住民聚落，在這裡，都市發展帶來了人的遷移與土地開發的故事。民國六〇年代第一批旅北族人自力建造的山光部落，在都更後，已剩下兩排建築，八〇年代政府設置的花東新村原住民國宅附近，停車場與其他大樓的興建取代了由社區協會認養的國有地與路邊空地，逐漸擠壓阿嬤賣野菜、族人聚會的生活場域，社區環境對兒童更不友善。

至善基金會從都市原住民成人就業服務過程看見照顧孩子的需求，從二〇一三年駐點國宅陪伴、到二〇一八年成立「至善汐止Wawa森林兒少社區聚點」（以下簡稱Wawa森林[1]），紮根汐止樟樹灣致力都原兒少照顧與發展。每天二十多位孩子下課後在這聊天寫作業，一起煮飯吃飯、上多元課程。這些被大人過度安排、

圖2.1
不分老幼，大夥一起用「玩」打開街角空地想像。

或權威對待的孩子，不被聆聽與不被理解是他們共同的處境。三十坪的Wawa鐵皮公寓，是孩子在社區的第二個家，然而室內空間無法滿足孩子活動需求，小孩總喜歡在附近巷弄騎腳踏車滑板、玩球和鬼抓人，或是坐在據點外階梯，彈吉他閒聊分享日常。

但這些小孩在社區的活動過程，卻常伴隨各種空間使用的衝突。社區裡不時會聽到「這裡不可以玩！」的大聲叮囑，或是被鄰居抱怨嬉鬧聲太大、被開車的大人謾罵巷弄不是玩耍的地方。師長與家長隨口一句「你就只知道玩！」無形中限制了孩子的想像力與自由遊戲權利，競爭與目標導向的學習，取代了讓孩子在玩中探索自我，主流教養價值壓縮孩子自由玩耍的時間、讓玩被貼上「浪費時間」的標籤。都市生活的各種「安全顧慮」，夏天太熱、冬天

上｜圖2.2
空地部落大學課程：阿美族耆老教Wawa手作空氣竹槍！阿公說「報紙要塞緊才能發射成功！」

下｜圖2.3
阿美族耆老帶青少年砍竹子，一起為營造空地樂園預備。

下雨、爸媽沒空、車子太多、沒地方玩……，孩子只能在受限的「空間」與「規範」中遊戲。

在空間衝突與大人主導的價值規範面前，兒童權利被邊緣化，但小孩卻也同時用「玩」開創了他們的世界，從據點內延伸到街道外、空地停車場玩成遊戲區、一起觀察據點門前巷弄不同時段的車流量、討論如何玩的安全又不影響他人……，這些看似生活中的小事，都是我們陪孩子練習表達想法、讓孩子透過參與Wawa森林大會練習公共討論的大事。

二〇二〇年新冠肺炎（COVID-19）疫情蔓延全球，三月下旬樟樹國小配合政府防疫措施，校園禁止一切課後活動，課後不能去學校活動的小孩更常窩據點。但畢竟都市兒童主要活動的公共空間就是校園和公園，非常時期讓我們重新檢視社區據點的兒少服務模式。透過「玩」，我們如何支持孩子從在據點養成的參與表意能力，延伸成為現實生活更大的力量？我們能否正視這些空間使用衝突，甚至進一步影響外在環境，使環境變得更積極聆聽孩子意見？

空間實驗游擊戰：Wawa空地樂園

為因應社區環境的侷限，長期陪伴都原兒少的Wawa森林籌劃了「Wawa空地樂園」，嘗試將社區孩子需求、表意與遊戲休憩基本權利轉化為社區空間方案，與樟樹國小校方討論計畫合作時，意外得知這塊校外轉角空地將規劃成社區停車場[2]。這塊空地除了是學校用地，也是孩子每天上下學、阿嬤去市場買菜的生活路徑、汐止樟樹灣阿美族人ilisin練舞和旅北港口青年籌備部落豐年祭開會的地方。經幾次來回溝通，在樟樹國小校方認同、社區夥伴與在地社群協力、教育部青年社區參與計畫支持下，在空地變停車場前，我們爭取到時間與空間，在這進行了「Wawa空地樂園」實驗。

一個孩子玩的地方要有什麼呢？空地樂園主要的行動裝置，是由在地社群「返腳咖」用黃色菜籃和束帶搭建出可移動的便利屋，接著由汐止區部落文化健康站的阿公和社區爸爸在空地釘出一間置物的Ariri（倉庫），阿公帶著青少年砍下竹子搭起鷹架和長竹椅，掛上阿嬤帶著少女手縫大黑網搭出了Ngayangay（遮陽處）。耆老們用阿美族文化的生活智慧，為空地承接了日曬雨淋，並創造出可休憩的角落，也運用了自然素材為小孩做了竹高蹺、竹槍等玩具。一個玩的空間，意外讓跨族群與世代的人自然地參與進來，文化健康站的工作者形容一起籌備營造空地樂園的過程「很有辦豐年祭的感覺」。

孩子不只是樂園的使用者，也是營造過程的參與者。我們邀孩子去拜訪里長聽見空地從墳墓被學校徵收的故事、陪孩子用腳丈量感受空地大小、去孩子家裡一起開會討論樂園使用公告並帶去諮詢校長意見。但至此，這些「與孩子一起」的Wawa工作小隊行動，仍多是社區工作者設計下的兒童參與。某次問小孩「你覺得自己在樂園是什麼角色？」小孩一句「玩啊！」點出了小孩就是用「玩」在參與和認識地方，但我們卻期待孩子透過表達意見和討論來參與，真正的玩和自在參與，應是不帶附加條件、無特定學習目標與任務導向的。而社區工作者重要的練習，即是不讓自身對參與的期待與形式，壓過孩子的主體性、蓋過玩的純粹性。

猜猜後來孩子們實際在空地玩什麼？腳踏滑板手拄長竹前行喊著「我在衝浪……」、用菜籃紙箱改裝木板車喊著「衝啊！拉快一點……」，某次颱風前的陣雨，阿公忙著修補黑網穩固竹棚，孩子套起米袋、頂著小黑板，快樂地玩起雨水……，有什麼玩什麼，沒什麼也能玩。面對日曬雨淋，孩子懂得累了休息、渴了喝水、照顧自己需求。那時才意識到，各種前置預備除了是讓小孩放心去玩，更多是為了安大人的心，這塊空地就是樂園，樂園是被小孩玩出的空間。空地也因孩子常聚集在此玩，拉著更多基於關愛、出於擔心的大人也到這裡，是兒童參與帶動了社區參與，也讓工作者放緩腳步共同學習。

上｜圖2.4
傍晚後空地漸涼，晚上大小朋友一起來看公視國際兒童影展！

下｜圖2.5
阿嬤看著孫子挑戰阿公們做的竹高蹺，是空地樂園的日常。

小孩帶路的樟樹灣 Wawa社區探險隊

反省過往「兒童參與」的形式大多是在大人設計的框架下被形塑，這樣的做法往往存在許多限制與不足，同時，對兒童理解的薄弱、缺少轉譯與細緻核對、計畫時程的限制，也使得孩子的聲音與想法，特別在專業者主導的都市空間規劃設計中難以產生實質影響力。

因而，空地樂園有一條重要的行動支線，便是揪集常在社區跑跳的大人小孩，一起組成「樟樹灣Wawa社區探險隊」(以下簡稱踏查小隊)，從踏查的時間、路線到規劃，都由踏查小隊中的夥伴們共同決定，透過邊玩邊踏查，從孩子視角一起看見更多社區環境中的議題，也讓兒童參與空間規劃變得日常與容易。

透過小孩的帶路，看見他們如何以身柔軟了街道傢俱與設施，將車檔作為單槓、超市送貨斜坡當成滑梯，或是徒手飛越紐澤西護欄，小孩以身體為中心，模糊了空間的界線，並延展出無限的遊戲可能。同時，也清楚的感受到社會規範與環境設計上所帶來的壓迫與不友善，後來我們才了解，踏查小隊不僅是探空間的險，更是在探社會規範的線。

隨著踏查經驗逐漸厚實，面對路途不同空間情境，小孩與大人們都一次次調整自己身上的裝備與心理準備，他們的每一個決定看似沒有道理，但其實背後都有原因，像是突然鑽入充滿廢棄物的小巷，是為了在炎炎夏日中感受一片陰涼，為了刺激感與抄近路，願意冒險在狹窄水溝邊前行。原來我們一起經驗的每一個當下，都是在讓彼此累積對於「探險」的理解。所謂探險，是懂得自己評估和自己負責，確定了就勇敢前進，不行的時候說放棄也可以，而這樣的能力並非與生俱來，而是透過一次次經驗的拓展與練習，慢慢長出來的。

樟樹灣上街玩！長出地方特色與規劃能力的街道遊戲

「我們最常在家裡前面玩，可以遇到朋友，但不喜歡一直有車子很快經過。」小孩坐在門邊，望著巷子幽幽地說。

與空地相比，巷弄其實更是孩子們日常遊戲的所在，但這些銜接著樟樹灣地區兩條主要道路的東西向小巷，每日來來往往的貨運卡車與機車總是不計其數。二〇二〇年十月，以希望讓更多人看見孩子「玩的智慧」為初心，在特公盟夥伴的經驗分享與協助下，Wawa森林啟動了「樟樹灣，上街玩！」的籌備[3]，小孩們抓緊放學後的時間，與社工一起帶著傳單與告示牌，在三〇二巷挨家挨戶說明活動。並與各路夥伴們在據點與文化健康站（簡稱「文健站」）中討論活動規劃，因為有孩子的參與，出現了像是丟拖鞋、竹竿舞和打架等遊戲區域，由Wawa們自己發想的遊戲，不僅更能擊中孩子們的心，從內容到玩法更可以由自己深入去設計和負責。

活動當天，從幼兒到青少年，都在忙著產出各區所需要的裝備，缺了什麼，大夥就像是支援前線般，到週邊各戶尋求幫助。直到現在我們仍記得，那日下午微風吹拂，阿公阿嬤隨著音樂搖擺跳舞、家長與幼兒在地上畫圖，巷弄的中段正上演著運用智慧與力量拼搏的相撲與兵器大戰。當活動來到尾聲，有位小孩開心奔回家拿了掃把想要一起刷地，卻被社區的媽媽們齊聲喊停，媽媽們認真的跟小孩說「地板畫的這麼美，當然要留著呀！走，我們去跟里長說！」也讓我們看見，雖然在這個社區之中充門滿著搬遷與流動，但仍能透過這些點點滴滴的參與，跨越世代凝聚出孩子與大人們的地方感和集體記憶。

從實驗游擊到實質規劃：空地2.0行動正式開展

在這三個月的過程中，除了不停的玩，透過部落大學戶外課程、社區電影院、空地市集等活動，逐步打開大家對空間使用的想像。於此同時，透過擴大參與，也串起友善兒童的社區網絡。這塊友善兒童的空地，已非是兒童獨享，反而正是因著不同大人小孩的協力參與，才創造出友善包容的氛圍。

在象徵著行動階段性結尾的「汐止樟樹灣—兒童遊戲空間論壇」，小孩拿著麥克風跟台下大人分享在空地玩的心得，有人看見孩子用「玩」熟悉空間且玩出不同模樣的智慧、有人則驚訝於孩子在這段時間的深刻參與，同時，阿公阿嬤們也紛紛表示對空地即將改為停車場的規劃感到可惜。三個月後，樂園再度變回空地，共同玩出的回憶讓消失變得有感，奠基著社區成員的經驗與看見，加上在地議員的協力，校方釋出善意，願意取消停車場規劃，轉而與大家共同討論空地未來的方向。

然而，從實驗行動進入實質空間規劃並不容易，這樣的轉折不僅牽動著空地關係人之間的張力，更需要面對經費、時程與專業知能等現實條件。如何向彼此靠近，是我們最先遇見的課題，在幾次會議後，我們決定先試著在寒假期間，策劃一場兩日的「樟樹灣Wawa空間探索營」，透過內容共備與執行的過程中熟悉彼此，也讓更多樟樹國小的孩子，可以一起來認識校園空間。營隊過程中，有許多珍貴的場景，我們看見了孩子們共同討論方案的模樣，也看見老師們運用自己的教學專業，支持著孩子們思考與實踐腦中的想法，但其中最深刻的莫過於有位老師說：「我很驚訝小孩談起空間都很有想法，與平常學校課堂安靜的模樣很不同」，是呀，我們總是透過一次次行動，拓展著對空間與人的理解，看見不同側面的珍貴。

上｜圖2.6
空地論壇從下午持續到晚上，空地關係人齊聚共同討論空地未來。

左｜圖2.7
就在孩子家門前開玩，大人玩竹竿舞比孩子還開心！

延續營隊中的彼此理解，在接下來的半年間，我們一起嘗試透過問卷設計、教師工作坊與社區訪談等不同方式疊出共識與差異的圖像，而我們與老師們也在這樣的過程之中，逐步建立關係，並凝聚出一個跨學科與跨社群的團隊。但面對校園空間生產與管理的固定邏輯，在團隊內的討論並非風平浪靜，除了方案的討論之外，也牽涉著彼此對於不同使用者的關注與自身角色的認知。空地作為學校用地的一部分，如何能在校方與社區的需求中找到共通點，是在進入設計前的核心發問。

在經歷了這半年的行動與來回討論後，「以學習為核心，一塊空地能成為學校師生與社區的共學基地」成了彼此的共識，而其實，所謂的共學，打從空地改造前，就已經是現在進行式，校園空間生產的過程，我們都參與其中，透過制度性力量的協助，縱使會有更多的折衝

與溝通，但也有機會能夠建立起更為長遠的改變。

社區規劃工作者的反省：參與有其條件，只是很少被察覺

我們在做參與工作時，時常從一起探索環境開始，去理解關係人的日常經驗和對於環境的認識，在過程中也總看見了城市空間與社會規範對他們的壓迫。在公園中，我們曾遇見一位女孩，他拿著兒童工作坊的傳單問「如果家裡沒有人能陪我來，我還可以參加嗎？」我們才驚覺，孩子能夠成為一個在工作坊場上有條件參與的小小公民，其實一點也不容易，沒有足夠條件被支持的孩子，其實更是公共空間的主要使用者，對於改造基地有著更細微的觀察與使用經驗。

從兒少據點、一塊空地到封街一起玩，我

們與小孩用各自的專業，一起撐出時間與空間，在過程中，我們時常被這群充滿生命力的小孩、阿公阿嬤與社工們所觸動，他們用力地將參與的機會種入日常，無論年紀多小都被視為行動者，為自己的童年與未來拚搏；他們在行動中互相設想彼此的需求，相互支持彼此的不足，一起保留能讓生活文化在此展開的土壤。

從參與到合作，從戰術到進入真實的體制，每一個環節都讓我們真切地體認到社會工作與社區規劃工作多元的實踐樣貌，參與不是正當化所有方案的工具，也不只是玩玩就好的工作坊，而是要創造出更友善的契機與環境，支持他們現身與表意，並在日常中有持續發揮影響力的機會。於此同時，我們也看見了樟樹灣的地景正快速地變遷，在那之中人的遷移、住宅型態與社區紋理的轉變，都緊緊影響著孩子與大人們日常生活，改變地區的組成與氛圍，都市環境中還有許多議題亟待在此生活的人們共同協商與討論，我們則期待著有更友善的機制，能夠讓孩子們的聲音與需求被有權力決定環境的人聽見，並產生實質的影響力。

社區兒少社工的反思：立基空間環境的方案設計，能更貼近人的需求

一般社工服務方案是從「人」的需求出發，但不是替服務對象解決問題，是要將需求評估轉化成能與對方合作的服務規劃，其實「空間」一直與服務息息相關，因都更搬家的孩子以及消失的遊戲巷，服務的外展點也跟著居民散落到不同住家，巷口邊的野菜攤、檳榔攤除了生計，也是大人辛勞工作後閒聊喘息、育兒和孩子學習生活文化的地方。但一般社工卻很少強調空間是人重要的需求，或將空間需求設計成為服務方案。空地樂園即是一個從孩子「玩」

的需求出發，聚焦於創造「人與環境（空間）」友善互動的實驗計畫。

雖然Wawa森林是友善兒童社區照顧的基地，但據點不是社區全貌，只是社區裡一份子，孩子真實生活的社區環境，才是我們一直陪孩子參與行動的學習場域。於是我們將社區親子共學服務變成勾起與大人合作、拓展空間想象的空地樂園實驗，國小多元課程設計成小孩帶路的踏查小隊、描繪出社區參與兒童權利服務方案的架構，親子家庭活動形式變成辦在我家門前貼近家長生活場域的街道遊戲……，嘗試將空間衝突公共化、把空間議題生活化，大人同行、小孩互動的過程都是參與。從中我們也向規劃者學習到，參與式空間規劃從來不是許願池，看見孩子日常玩樂的空間使用經驗、社區耆老家長在此區發展轉變下累積的生活智慧，都是能幫助參與式空間規劃設計出更友善兒童、富在地生活文化的關鍵。我們也會持續行走，看見更多社區空間潛力、共同讓都市空間變得更友善兒童。

後記

還記得二〇二〇年暑假，那時我們問孩子「你覺得空地是怎麼被決定成為停車場的？」，一位孩子毫不遲疑地說「因為大人有需求啊。」接下來的一年，透過期間限定的空地樂園、每月持續的樟樹灣Wawa探險隊，以及與學校共同辦理的空地探索營等活動，小孩開始會說「三〇二巷那塊地一直廢棄很可惜……，這邊也可變成空地樂園！」「下午時空地的陰影只有在這個範圍，所以靠牆壁的部分應該要有一些遮陽設計。」我們看見，當空間參與的經驗逐漸銘刻身體，孩子對於生活環境的主張便漸漸清晰且有力量。而孩子的參與，其實從來不只

上 | 圖2.8
樟樹二路302巷過去是辦ilisin(豐年祭)場地，如今因為街道遊戲，大人小孩又在這創造了新的共同記憶。

下 | 圖2.9
再會Wawa森林：樟樹一路264巷，虛線部分是都市更新的範圍，紅色點位則是至善汐止Wawa森林兒少社區聚點舊址。

有孩子一人，背後更帶動著社區中更多人參與進來。

從一塊空地開啟的行動，至今仍在持續，一路拓展到巷弄、整個社區甚至促使樟樹國小組織了空地規劃的社群，共同產出設計、支持學校提案爭取空地2.0計畫。但都市發展與空間變化依然快速，二〇二一年，Wawa森林收到房東拆遷通知，在疫情之下，Wawa鐵皮公寓已拆完變成新建案基地、開始看到多起樟樹灣都更案的新屋與預售屋廣告、附近雜貨店關店多了便利超商進駐……。

「那我們要去哪裡？」「Wawa森林可以來我家門口前……」「搬家需要幫忙嗎？」面對據點拆遷，孩子參與和居民協力讓這件大事變得不感傷，青少年在旁淡定的說「空間可以再找，人還在就好了啊！」也是，少了常駐的服務據點，下半年我們以社區為家，也幸運地在附近找到適合的新家。面對快速的都市發展，我們所生活的空間極其容易就被當代都市的治理邏輯所決定，然而，當我們意識到空間的生成從來不是如此理所當然，便有機會運用戰術找尋縫隙，在參與空間生產的過程，透過合作與行動，對於我們的城市產生實質影響力。

1 Wawa是阿美族語「孩子」的意思，Wawa森林是由至善基金會於二〇一八年成立的兒少社區據點，目前有四位駐點工作者。本文作者珮綺，是駐點社區陪伴孩子課後生活四年的QQ社工，也是Wawa空地樂園計畫發起人。本文另一作者珮璇，具有社區規劃工作經驗，是帶孩子們踏查的猴子姐姐，同時也是計畫的核心行動者。想認識更多可搜尋FB：至善汐止Wawa森林兒少社區聚點。

2 位於樟樹國小圍牆外的空地，前身曾為墓地與私人土地，目前土地所有與管理單位為樟樹國小。

3 汐止首場兒童街道遊戲，由Wawa森林主辦，特公盟、返腳咖、部落文健站與山光里巡守隊協力支援。

3

原鄉野力：部落互助托育行動聯盟的織網敘事

馬秀辛、德布藍恩、楊江瑛、王若帆、
金天立、廖貽得（部落互助托育行動聯盟）——口述
黃舒楣——紀錄　涂菀庭——謄打

部落互助托育行動聯盟——起於曾被國家視為違法的「部落托育班」計畫，想要自主照顧孩子的部落們彼此組成聯盟，一邊在部落持續做照顧實踐，同時對外倡議，讓外界認識不一樣的照顧樣貌。在部落族人持續不懈的努力下，曾經非法的照顧，如今成為「幼兒照顧及教育法」中的「社區互助教保服務中心」，進入國家公共照顧的視野。托育聯盟由幼兒照顧開始，卻不止於幼兒照顧，我們持續倡議「社區整體照顧」的精神，我們相信社區是一個有機、互助的整體，不同年齡世代彼此照顧、分工、學習，在不同環境和文化理絡中，發展出多元繽紛的照顧樣貌。

黃舒楣——國立台灣大學建築與城鄉研究所副教授，不知不覺，在原住民鄉的移動軌跡累積十幾年，體會到文化資產、耕作、災後調適、教育行動的交織，學習的遠遠大於能給予的，感激珍惜。

涂菀庭——屏東縣泰武鄉武潭部落排灣族，生長於高雄，族群認同扎根於屏東，意識到原住民族土地／空間規劃的重要性，而到國立台灣大學建築與城鄉研究所學習，碩論田野地點為吾拉魯滋部落。

教戰守則

- 共作的核心是覺察彼此的處境，而非單純地工作完成或服務提供，於是人人都可以有位置。
- 關鍵是辨識場域和學習的關係，去找到「老師」在哪裡。
- 在有機零碎的環境營造中自然而然地創造部落或社群的共同移動，取代由上而下的單向前進。

紀錄者按

大約是二〇一一～一二年時，第一次有機會去到美園部落（又稱三和南村），當時感覺有些疑惑，那地形平坦、整齊的住宅群落配置、村落和道路的關係，不太像是自己熟悉的屏北原鄉部落，假如沒有零星散落的部落文化語彙裝飾，更像是個漢人農村。後來才漸漸知道自己單一的原鄉刻板印象是充滿錯誤的。在得知村落形成和日本殖民時期的集團移住歷史相關後，逐漸才了解眼前景觀，為何滿是芒果和鳳梨田。

美園部落位於屏東縣瑪家鄉三和村，是三和村中三個部落之一（北有玉泉、中有三和，南有美園），位處最南處，有時亦稱三和南村。三和村是瑪家鄉人口最多的村落，但地理關係上卻是一塊飛地，位在其他非原住民鄉之間。這飛地聚落歷史可追溯到日本時代的集團移住政策，然受戰爭影響所致並未完全進行，直到一九五〇年代，戰後政府延續了移住政策，鼓勵霧台、三地門、瑪家等三鄉的原住民族人移入。[1]現今的三和村成了屏北最大原鄉行政村（共有七百七十五戶，兩千餘人，二〇二一年六月統計資料）。

當時來自霧台鄉的多個魯凱部落族人，遷移聚居於三和南村，組成新部落。根據耆老們回憶，最早遷移至美園這塊土地進行開墾的有三十五戶，包括部分來自好茶部落的人家。早期部落重要事務與營運，皆由這三十五戶族人共議決定[2]，沒有頭目的制度。然而，部落遷移河畔平地之後，並沒有讓年輕人停止外移，持續的社會文化變動，讓有心者如馬老師特別感覺到文化傳承，須從根開始的重要，而托育是其中關鍵的第一步。

眼前的學習場域，半開放的展開於錯落的芋頭、樹豆之間。作為一個四歲小孩的媽媽，在台北看小孩在私人幼稚園成長，沒有院子遑論田野，偶爾有紙作美勞蔬果水稻可玩耍，豐富盤中飧認識。對照起來，台北的匱乏顯得蒼白。當然以上必然是我的浪漫化想像，背後其實是多年來部落互助托育行動聯盟（以下稱「聯盟」），逐漸辛苦點線織成網的軌跡。本文與其說是寫作，更接近紀錄，筆者只是代筆記錄對話中的分享和實踐信念確認，為得是想更貼近這些年所見到的，聯盟強調合作、互助的精神和推動歷程。

寫作一開始，我首先聯繫了聯盟中的馬老師，說明想法，接著透過馬老師和各地聯盟夥伴的預先討論，共識可行性，然後才在疫情中邀請了幾位聯盟成員一起來對話，共同回顧多年來各地摸索同時共同行動的歷程。筆者嘗試呈現她們共作與互動的主體性，而非單一個體

圖3.1
孩子們在美園田地間隨長輩剝花生（聯盟提供）。

的詮釋。從初稿到校稿，也都是共同確認的。

有機形成的部落工作圖像

> 地方創生？我們不太清楚…我們就是希望，如果有一群人製造很多的就業機會……讓大家留在部落裡面，那可以共同做很多事，而不是只有框在我這個計畫裡面做幼兒…它會製造出什麼，可能是依著這個部落或這區域的需求，然後會不斷地發生不同的事情，是這樣。（馬秀辛）

過去十多年來，原鄉曾有不少部落托育班嘗試發展，但多因無法符合法規要求的空間標準（如土地使用、建築物產權、建物執照等等）而中止，然而有幾個部落托育班不願放棄，共同串聯組成「部落互助托育行動聯盟」（簡稱聯盟），尋求持續和政府協商，在二〇一三年四月，屏東的五個「部落托育班」終於迎來轉機，包括有美園、平和、旭海、馬兒、佳平等陸續立案轉型成為「社區互助教保服務中心」，正式開啟公立幼兒園、私立幼兒園、非營利幼兒園以外的「第四條路」。這些年來，逐漸整合入課後教育、成人教育，也試圖帶動更多元的部落公共議題。

聯盟夥伴們對於服務誰、做什麼工作是沒有設限的，一開始自然而然就是聚焦於留在部落常出現活動的人，多半是老人，以及自由行動能力較低的幼兒，漸漸地，延伸到課後回來的中低年紀孩子們。投入的人確實多是女性，不論在文化健康站或是課後照顧。

在各地女性工作者串聯過程中，有沒有碰到部落內性別關係的挑戰？同時繼承排灣和魯凱文化的馬秀辛老師，談起這主題感受特別多。從個人經營幼教事業走到推動部落共同行動，由私領域跨到公領域，她感覺到動員之不易，不能沒有部落傳統運作的支持。

> 那時候（聯盟相關工作推動立法等等[3]）運氣還滿好的，就在開始轉型的時候，那時候的這些理事長或耆老，他們是滿有理念、概念的，大概說清楚以後，他們會帶著我一起來做說明會，或者一起來做什麼樣的事……我有感受到就是部落的這些領袖，我感受的到他們願意支持……。

事情一步步往前走，領袖和長輩們逐漸感受到相關工作的價值。有所感受，那麼遇到了課程和照顧計畫等需要和部落協商空間資源使用調度時，才容易獲得支持。馬秀辛說道：

> 美園的公共空間就只有這個活動中心，要

> 使用這個活動中心，其實它是一個公共區域，所以會產生出還滿多的⋯阻礙。可是我剛剛講過，我們算是很幸運的⋯⋯這些長輩們他們是願意來協助，大部分的人幾乎都是男性，我即使是身為資深的理事，我還是沒辦法一個人做決定⋯⋯。

在平和部落推動教保工作的女性們則注意到，部落生活中也有不一樣的男性，她們描述起托育班的午後接送景象，下午三、四點時騎著摩托車去接的人常常是vuvu（長輩男性）。但一線教保照護工作者確實以女性為主，她們認為實踐過程能啟動社區關係和性別力量的轉移，由女性承擔勞動，同時也把工作和相關力量「拿了過來」。聯盟移動組同時也是岱克拉思教保中心跑班陪伴者楊江瑛說：

> 早期講社區工作或社區營造，其實就會很明顯誇耀說是男性的、不管村里長或是說社區幹部，跟女性其實會很不一樣⋯⋯我自己也是從古老年代來的，我們就會做社區的那種硬體的改變⋯⋯也是有蓋石板屋⋯⋯以前那個年代會很喜歡意象，很喜歡做空間，就是說空間的改造啊、什麼的那種景觀，我想你做城鄉的應該非常有經驗。

重點不再是生理男性、生理女性的參與區別，而是有女性視角在影響工作本質的變化，如江瑛所說：「現在我們對於社區發展工作的想像跟內容，是逐漸轉向實體的人的照顧、人的關係的建立⋯⋯如果是說它有性別差異的話，我覺得是在這種工作的內容性質上面⋯⋯」這個轉向讓人想起女性主義照護倫理（Feminist

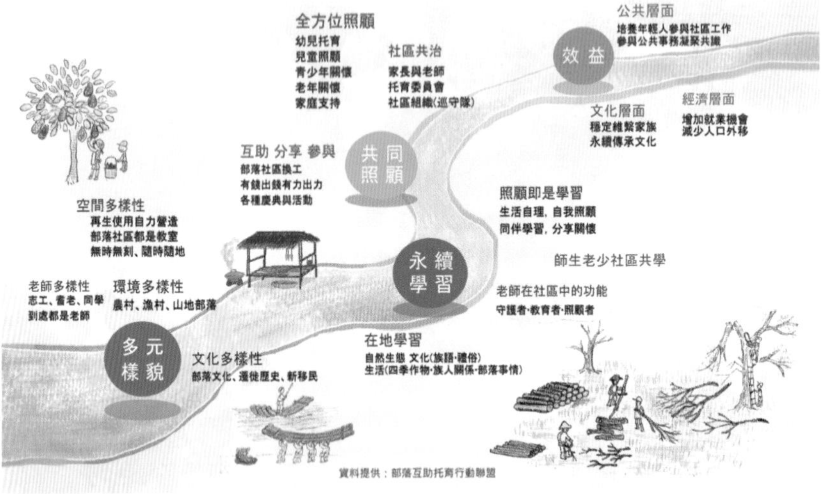

圖3.2　互助河流圖（聯盟提供）。

care ethics）所強調的依存關係性實踐，但更幽微細膩。

照顧、教育與農耕、食物生產的連結

馬老師認真地釐清，她們想作的既非「農事體驗」，也不是「農園教學」，而是要回到學習和場域的關係。重點之一要看「老師」在哪裡。而為什麼很多教學活動拉到田裡去？其實簡單地說，部落中的老人家很多都是她們要學習的對象，而這些老人家多半出沒勞動的地方是在田裡。美園的農田多半在住家附近，自然而然形成了學習圍繞著農田展開聚合的空間模式：

> 你大概走幾步就在周邊……從那個巷弄裡面有沒有？慢慢的就走到後面就是田裡了。然後你就看到很多長輩、vuvu、kayngu、umu（排灣族、魯凱族部落對長

輩的稱呼，如同奶奶、爺爺之意）他們都會在那邊工作⋯所以說會到田裡⋯⋯它也有可能是在部落裡面，也有可能是在任何婚喪喜慶，都有可能。

這些描述，其實非常接近所謂童年「照護的親近性（proximity of care）」如何在適當的空間關係中串連照顧，或反過來說以照顧、學習來形塑闡聯空間，使得整個過程更為親切自然。馬老師繼續說：

> 你把老人家弄到教室，通常他們很拘束，有很多東西是脈絡不見了；那如果我們在田裡的的時候，那脈絡是很完整，而且這是他們的很熟悉的場域，他們有很多東西是我們只要看、跟著，他不一定教我們，我們就是看、然後跟著。

自然而然地，教育在農園中發生的越來越密集、時間越來越長。沒想到這在疫情期間，倒成為部落托育學習最好的優勢，可在開放空間中減低傳染風險。

外來的教育體制

「學校」其實是外來的教育體制，平和部落的德布藍恩提醒，以前的教育是在部落生活中自然展開的。馬老師又說：

> 我們沒有學校，以前原住民的教育不是透過學校來學習的，是日常生活裡跟父母、vuvu們一起生活，教育是從那裡得來的，所以我們才慢慢察覺到說，其實我們所謂的日常教育，甚至講了很多對孩子的教育、規矩、倫理，這些其實是在農田、是在生活裡面是這樣子被建立的，而不是從國民

教育而來。

部落的年輕教師和年輕家長，往往都是需要透過刻意學習累積，才能找回傳統知識的一群。人兼顧自然生活的延續和刻意的學習創造，於是成為一項挑戰。

學習的場域未必只是農田，她們舉聯盟夥伴牡丹鄉旭海社區互助教保中心為例，在臨海部落，跟隨著vuvu，人與環境關係自然而然就是打漁跟海港。也就是說，場域如何展開不該是樣板，應該回到生活環境看看它會給你什麼樣的知識，這些事本應是自然而然的。

然而今天許多部落欠缺條件，世代落差極大，學習傳承已無法自然而然，如果不介入，它就會「自然而然消失了」。江瑛進一步指出，七歲以後主流教育還是把小孩子帶走了，「簡直是個拔根的過程」。她說：

> 就像剛剛德布藍恩講的，可能這些世代都是你七歲（上小學）就會被帶走啦，就會被帶去學校，你不可能一直在田裡，就累積這件事情其實是，我們在學前這個階段可以做的部分，要努力的去刻意的去發展。

相對年輕的老師和家長往往本身都在重新學習，家長會很驚訝怎麼小孩知道他們都不知道的事情，例如什麼東西可以餵給鴨子吃……更令人印象深刻的是，有些年輕家長有時候會被邀請來參加，卻只顧著拍照，老師還要回頭去提醒家長說「應該要一起參與」。這個現場它的意義是多重的，透過孩子的學習，間接地要回過頭去影響先前被錯過的一代。

但忙碌的年輕世代能負擔嗎？聯盟移動組也是美園部落課後老師以及美園教保中心跑班陪伴者的王若帆指出，老師和家長之間，有不同介面去創造關係。只要老師多熟悉部落，就能多創造一些合適機會來促進參與共學：

> 也許像畢業典禮的殺豬，就由爸爸們跟著長輩一起做，或像包食物也會是由孩子們的媽媽跟著ina（女性長輩）們一起做。就是年輕家長：他們不一定是隨時有空，可是像這種大活動裡面會拉他們進來。有時候會感覺到他們非常不自信，也非常不熟悉這些東西，…真的就是那種三十歲的家長本身已經沒有經驗，也沒有那個能力了。我們會去創造一些介面去讓他們有機會學習。

自然而然地拉動部落、有機零碎的環境營造

聯盟夥伴透過教育來拉動整個部落，大家一起從零開始學習。通常不是透過刻意的計畫引導空間營造。平和社區發展協會的總幹事德布藍恩說：

> 感覺到每一年的設計、活動，特別是我們每一年大型的畢業典禮幾乎是動員所有的家長跟全部落。那其實每一次拉動大家進入到……我們怎麼樣去呈現一個畢業典禮、場地的佈置，裡面也是很多跟農田有關的事情，全部拉動大家…

聯盟移動組也是旭海教保中心跑班陪伴者的金天立補充：

> 比如說大家在討論，小朋友每天在這邊曬太陽需要一個工寮，接下來就有一群人進來，可能是部落裡面這方面比較有經驗的

人，他就自然帶著其他人來做這件事情，過幾天，這個工寮就蓋出來。

又比如說像美園那邊原本就是河床地，原本以前就會在這邊把石頭疊成邊界那樣子，疊石這件事情就很自然的發生，也許是因為畢業典禮要發生了，然後老人家就進來做這件事。……這個空間就這樣子一點一點做出來，它不一定是有什麼新校園計畫還是什麼東西，去特別規劃或者是營造或者是設計出來的一個場域。

在旭海有幾個年輕的漁夫，後來幾乎成為海邊老師，他們帶著小朋友去認識漁獲、漁船、海事，甚至幫孩子製作迷你版的漁船漁網宛如教具。這過程改變了小孩也改變了大人，原只是漁夫，出海打漁的經歷，不會想到和孩子能連起什麼關係。……慢慢他們被拉動進來成為孩子們的老師，轉而被視為是有經驗和有知識的人。本來他們在其他脈絡裡面會被理解為有欠缺、自己有需求的人，不管他的年紀還是性別，拉進來這體系後，他可以變成一個主動提供的人、給予的人。

挫折挑戰和處境覺察

儘管種種踐行故事令人驚豔，如何讓孩子們離開部落學習場域後，能在主流教育體系內保持信心，甚至更重要是讓家長要保持信心不焦慮，仍是一大難題。

貽得指出，孩子們進入非原住民國小後，可能遇到不明白部落脈絡的老師來質疑孩子的學習狀況，於是家長不免動搖，甚至把仍在教保中心的弟弟妹妹轉出去了。即便是注重原住民文化的小學課程，最多只能做到在主流課綱指引的學習中，補充性的加入族群文化特色內

上｜圖3.3
平和教保中心畢業典禮。

下｜圖3.4
旭海部落海邊課程。

容，完全不同於生活就是學習場域的學前階段。

即便如此，聯盟還是積極守護著學前教育這階段，期許讓孩子們成長學步過程中，建立對部落的認識和社會關係，即便未來難免離開，還有機會能回來。馬秀辛指出：

他們（聯盟的孩子們）回來是很自然，這些孩子們回到部落裡面，因為他有以前的同學，所以他叫得出名字，而且他在這裡會認識很多，不會因為他們住在比較遠的地方然後就跟部落脫節，這是我所看見的。

始終，守護孩子這項任務和聯盟對於部落的整體照顧是整合在一起的，也就是說「在部落裡面做照顧這件事情不會去把它分成學前、學齡，然後老人，我們大概都是在一起做照顧。」江瑛這麼說。

近來她們意識到，四十至六十歲這個「大人」世代，之於發展部落整體照顧圖像，扮演了特別重要的角色，他們本身也需要好好被照顧。江瑛說：

我們現在有一塊工作是在這一群大人的身上。…我覺得成人的世界比較複雜一點，他要擔任的是照顧者、生計的負擔……各式各樣的狀況，他處境上比較多樣，可是其實國家在面對成人就是（視為）勞動力嘛，就是不斷給出和付出的這種角色，現在其實想的是怎麼樣去撐著這網絡，我覺得教保的實踐，就是實踐照顧小孩子……讓這些部落裡面各式各樣的人找到位置，然後他們其實是可以有一些角色，而且是「給出」的這種角色，不是說各式各樣的那種標籤。

聯盟思考始終在整體和個人之間來回，從小孩子直到老人。聯盟夥伴意識到國家政策逐漸注意幼托和長照，但對於承擔照顧的這群主要勞動力，所能給予的支持是相對地匱乏。然而她們想談的並不是單純的服務提供或福利爭取，而是關於處境之覺察。每個夥伴多半是從眼前之幼托照顧缺口開始，然後，體會漸漸不止於眼前，而望向歷史。江瑛又說：

> 漸漸在這個過程裡面看到，我們部落當代的這種處境，比如剛剛說為什麼要這麼努力的刻意，其實並不是如此自然而然發生的，而是真的是有一些歷史的、殖民的這種過程。
>
> 在一個部落裡的……你可以看到小孩在培養的就是這種抵抗力，如果我們在孩子的小時候他就看著大人，我們這樣子在帶他們，然後到中學然後到他們長大成人，就是接下這些工作，他們其實是有能力可在部落裡面發展這種整體的照顧。

修補，「抵抗力」的實驗和實踐

聯盟相信，一個部落的工作會漸漸地捲動其他部落也長出一種網，有關學習與傳承，也有關於抵抗。

> 我覺得那種抵抗的力量的產生，這件事情會很重要。…我們其實一直在想要發展的是這個東西，就是說它是互相治療、互相療癒，然後它也可以是互相有給力的這種、培力的…總之就是一種「抵抗力」的產生。
>
> （楊江瑛）

目前為止，除了各個部落穩健經營照顧據

點，穿梭其中進行組織串連工作的聯盟，像是在編織一張溫柔的網。照護工作很具體的展現在日常生活的農耕生產和料理手作，這些具有氣味和溫度的實踐中，展出多樣互助的網絡，讓彼此互相滋養，也豐富互助照顧的內涵。引人注意的是，聯盟和一群在地的婦女一起組織了定期的修補市集」，除了帶入惜物、就地取材的精神，透過市集串連部落小農、店家，還拓展討論環境、氣候變遷等公共議題，市集現場曾放映「鄉外之地」，關懷在台印尼漁工與部落遠洋漁工的交流等等。這張網越織越綿密且越發跨界。

這張從照護工作開始捲動延展織起的網絡，是讓部落裡面各式各樣的人在共作中都能找到位置，超越單純的服務提供，而關乎去覺察自己的處境。然後看見處境，在這看見過程中，產生一種「抵抗力」，於是，照顧工作終究是為了「抵抗力」的實驗和實踐。雖然疫情下的部落在今年又要迎來延後的收穫祭，然而有屏東原鄉這張網的溫柔支撐，相信應會有更多回應難題的韌性。

〈部落的孩子部落自己顧，
但全台僅五間部落互助
教保中心「合法」該怎麼辦？〉

1 陳丁祥、蘇淑娟。二〇〇四。〈屏東縣瑪家鄉三和村的空間拼湊：原住民集體移住與生活調適之動能〉。《地理學報》37:99-122。

2 杜寒崧。二〇一一。美園部落遷移史〈Tanwaelaela〉。屏東：雙豬工作室。

3 部落照顧法源依據來自於二〇一三年五月修訂公布的《幼兒教育及照顧法》第10條：「離島、偏鄉於幼兒園普及前，及原住民族幼兒基於學習其族語、歷史及文化機會與發揮部落照顧精神，得採社區互助式或部落互助式方式對幼兒提供教保服務。」當時修法首次考量都會地區亦有部落照顧之需求，而配合上述規定制定有子法《社區互助式及部落互助式教保服務實施辦法》（二〇一四年五月修訂後重新公告實施），進階討論可參考〈部落的孩子部落自己顧，但全台僅五間部落互助教保中心「合法」該怎麼辦？〉https://www.matataiwan.com/2016/11/05/children-care-indigenous-communities/

4

在地智慧：當專家遇到神明

劉可強——文

劉可強——退休老人，不務正業，心繫社區，深受啟發。上世紀有三十年的時間在美國研發社區設計，近三十年透過台大城鄉基金會，倡議以社區為本的參與式規劃設計。目前致力於落實向人民學習的多元徒徑，以及基金會因應社會變遷的轉型計畫。

教戰守則

- 不要抗拒不熟悉或是特別的經驗，像是跟青蛙神溝通。
- 對他人要有同理心，才可以真正讀出話中的訊息。
- 清楚自己的立場與價值，並用最平常的語言來溝通，包括利用視覺與3D輔助的工具。

沿著主要道路拐個彎，映入眼簾的芹壁村（馬祖北竿島），是一群外觀簡樸的建築，座落在陡峭岩壁之間，村落下方的海灣邊風平浪靜。在這片柔灰色的石頭建築群之中，有一棟色彩特別鮮豔的建築非常顯目，那就是媽祖天后宮。直到你走近天后宮，才會發現少為人知、隱身在宮廟後面一小棟石頭建築，地方居民在裡面供奉一尊高約三十公分、全身綠色且面帶大大笑容的青蛙神。這隻青蛙最初先被封為鐵甲將軍，後來晉升成鐵甲元帥，是地方道教信仰系統中地位崇高的神祇。

因為媽祖管轄的範圍既廣又遠，經常為了信眾出巡的她，無法關注太多芹壁村的地方事務，所以經常指派鐵甲元帥（青蛙神）照顧村民的需求，對非常親近青蛙神的村民而言，這是最佳安排。憑藉媽祖的親授神權，鐵甲元帥對社區事務有絕對的決定權。若村民有個人的疑難雜症，鐵甲元帥都能提供指引。對村裡的家庭而言，關於是否興建新的家屋、婚姻安排、生意事業等等，亦可在鐵甲元帥這裡獲得解

圖4.1　鐵甲元帥本尊（劉可強攝）。

答。對整個社區而言，開通新路、建造新碼頭或是何時舉辦節慶和儀式等大型事務，均會前來徵詢鐵甲元帥的同意。更重要的是，若任何人想出馬競選村長、縣議員或縣長等公共職務，都必須遵循鐵甲元帥的訓誡。因此，地方政治絕對是在青蛙神的管轄範圍內。

鐵甲元帥如何彰顯祂的權力，又是透過什麼方式傳達祂的旨意呢？首先，社區裡的個人、家庭或公眾人物會先提請鐵甲元帥解惑，在指定時間，提問人先以書面形式提出問題（包括圖畫、圖表、照片和模型等圖像型式），或單純以口頭提問。鐵甲元帥的回覆一律都是書寫的形式，包括畫圖和草圖。這些圖像是由一座供奉著鐵甲元帥神像的木頭神轎來傳達，這座神轎由四位村民一起扛著，神轎其中一支轎桿會沾著酒水在一個平面上來回移動，寫下元帥的旨意。擔任轎夫的男性成員必須通過長期的訓練，才能進入一種集體出神似的狀態，鐵甲元帥的直接意志就能藉由神轎的動作來傳達。每一個對神明的提問都是以這樣的形式回覆，村民則藉由燒香和捐獻來感謝神明的參與。

在這個情境下，個人問題得以被解答，家庭紛爭得以平息，社區事務也能依此決定。這隻青蛙，以鐵甲元帥的身份，分配權力和資源來確保和平及和諧。在這座偏遠的俗世村落裡，一般的日常生活持續在青蛙神的關照下運作，整體而言，這隻青蛙神就是地方智慧的體現與其主事者。

聚落保存

在軍事設施進駐馬祖列島之前，馬祖列島上居民以在中國沿岸捕魚為生。這裡臨近福建省北側的閩江出海口，是亞太海域豐富的漁場之一，不只是中國人爭搶這裡的資源，此處更有被外來強權在過去幾個世紀以來覬覦的財富和戰略性位置。十九世紀末期，英國人曾在馬祖列島的南、北端點建造兩座燈塔，引導英國船隻進出中國沿岸的通商口岸，這些建設成了佐證這些島嶼重要性的明證。

一九九〇年代，中央政府解除了馬祖列島的軍事管制，一方面是海峽兩岸的警戒程度趨緩，一方面是過時的前線軍事設施已不足抵禦中國共產黨的入侵，因此削減這些島嶼的軍事資源投入。當前線人員數量削減，地方居民的人數也持續減少，過往服務前線人員的地方經濟和餐飲業生意銳減。餐廳、撞球間、理髮店、網咖、雜貨店等，全都面臨倒閉危機。在過去軍事管制的五十年間，因為馬祖列島上只有一間高中，沒有大專院校，年輕人若想接受高等教育只能離家到本島的學校。經過這些年，大多數人已經在台灣定居並繼續在本島扶養下一代。雖有些人回到島上擔任小學老師、公務員或經營小本生意，但因為駐軍人數大減影響地方生計，地方居民人數持續減少，村裡房舍逐漸頹圮，整個村莊看起既荒涼又雜草叢生。

隨著駐軍減少，以及聚落實質環境和社會結構逐漸崩解，地方上少數如教師、藝術家和縣議員等知識份子，開始討論居民人數驟減所帶來的危機。於此同時，台灣本島正經歷一場歷史保存運動，藉由社區參與的策略來保存建築、場域、街道和聚落。學術界裡積極的規劃師和倡議者，敦促公家機關與剛萌芽的非政府組織、地方社區居民共同組成聯盟，以推動保存工作。這場運動即為大家熟知的社區總體營造計畫。馬祖列島上，也有一些有想法的人希望藉由保存歷史悠久且廢棄的聚落，重新啟動文化振興計畫。

一九九四年在一個特殊的機緣下，一場在馬祖舉辦的研討會，將歷史保存的概念引介給地方民眾。幾位學術界人士在研討會發表完之後去參訪了芹壁村，正是這個時機點，眼界寬廣的外部人發現了芹壁村的不凡之美，讓聚落整體保存的概念開始落實至執行層面。於此之後，芹壁之名傳了出去，愈來愈多人慕名前來，驚嘆於聚落陡峭的環境，而這群石頭建築匯聚在此毫不違和，崎嶇的小徑和階梯引領人們走到室內一小處庭落，可以遠眺平靜的海灣美景。從聚落建築的小小木窗往外看，海灣中的石頭龜島就像一幅美麗的框景，每個角度都充滿生命力，就像是大家熟悉的地中海景色，如義大利山城或希臘漁村的一隅都是如詩如畫的風景。芹壁的浪漫風情自此展開。

集結所有的關注，芹壁被縣政府選為第一個指定成歷史聚落的村莊。來自營建署和文建會等中央政府資源，紛紛投入規劃它的保存計畫。最初的規劃案是由縣府員工完成的，大多集中在實質環境調查、建物的丈量和類型研究、營造方式等[1]。從這些素材整理，一個新創的名詞躍然而出：「閩東」（福建東部）建築，用來與閩北建築區隔。這種建築類型的特殊元素包括每棟房舍都使用了厚磚圍牆，室內皆是利用中國傳統榫接組合的獨立木構造，紅陶屋瓦上則壓了成排的石頭作為保護。石頭牆上的小開口則是為了免於自然環境或海盜、小偷的侵擾。房舍彼此相依座落在海灣邊陡峭的山壁之間。

二〇〇一年春天，有八棟建築獲選重新修繕。在屋主們的同意下，縣政府快速地在二個月內完成修繕工程。在當年五月底，一場國際會議（第三屆環太平洋參與式社區設計研討會）在這裡舉辦，超過八十位來自日本、美國、香港和台灣的與會者齊聚在芹壁三天。這次國際研討會極為成功，所有的與會者都稱讚這裡令人屏息的美景及老屋更新再利用的成果。作為歷史聚落保存與再利用的示範，芹壁村實現了所有參與群體的願望。這次的成果要歸功於一位年輕建築師扮演的關鍵角色。他在馬祖完成他的義務兵役，因為著迷於馬祖建築獨特之美又有地方文化菁英的鼓勵，決定在退伍後留下。縣政府正要開始著手於第一批建物的翻新，而這位年輕建築師則受僱成為控管計畫的規劃師。

二〇〇二年夏末，一場集結台灣各縣市文化首長的聚會就辦在芹壁。在首次舉辦國際研討會後僅僅一年的時間，芹壁的知名度就已大大提升。二〇〇四年馬祖其他四個聚落也被指定成歷史聚落，相關保存計畫已提出，即將進行重建和再利用的工作。地方縣政府積極介入保存這些聚落，反映了公共政策從提出全新發展策略的傳統思維，轉為再利用當地既有的特色與資源。

擴建宮前廣場和新建牌坊

於此同時，芹壁天后宮的廟宇管委會和村長正忙著整建廟宇，好接應村裡愈來愈多的遊客。幾年前，他們也曾提出不太成功的廟宇美化計畫，把廟宇的立面改舖滿亮閃閃的大理石和花崗岩，但後來被改建品味不佳。有些人建議應該敲除那座假立面，並且將佔據村中主要

圖4.2　芹壁境天后宮（施佩吟攝）。

道路的廣場縮小。但是，沒人敢違抗神明的旨意，最後什麼都沒做。二〇〇三年夏天，廟宇管委會知會縣政府應該履行前一年縣長選舉時曾允諾要提撥的經費，他們已經準備好擴建宮前廣場和新建牌坊的計畫，圖面則是請地方上的建築師按照鐵甲元帥的旨意繪製，包括為了支撐廣場擴建而新增十公尺高的擋土牆，廣場下方則是增建一座更高的牌坊。

後來，縣長接受規劃師的評估，認為誇張的空間新建計畫勢必嚴重影響聚落景觀，但他在前一年在選舉前已承諾若選上要撥用經費給廟宇，而地方居民也確實協助他贏得選舉。規劃師試著跟廟方協商卻徒勞無功，廟方執意認定神的旨意必須要執行，毫不退讓。這個僵局持續了數個月，私下協商仍不斷進行。當雙方都明顯不肯妥協，有人建議邀請專家學者前來擔任超然獨立的仲裁者。但身為專家學者，其實我們的立場並不客觀。不過，透過一些協商安排，我們還是被納入這個討論過程之中。

一開始，廟方邀請了我們去芹壁參與一場與神明直接討論廣場議題的儀式。作為受教於西方思維的學者，對於傳統信仰雖是抱著好奇及有興趣的態度，但認為信仰與規劃、環境品質並無具體關聯。我們一開始並沒有看見真正可以與神明溝通的角色，所以只能委婉地回拒了邀請。但廟方為了落實神明的旨意，堅定地表示若我們不去芹壁，神明自己想要直接來台灣拜訪我們。神明的主動出擊震撼了我們專業團隊。廟方將鐵甲元帥的雕像帶上飛機，從馬祖飛來臺北與我們相見。

在指定日期的下午，跟隨鐵甲元帥前來的

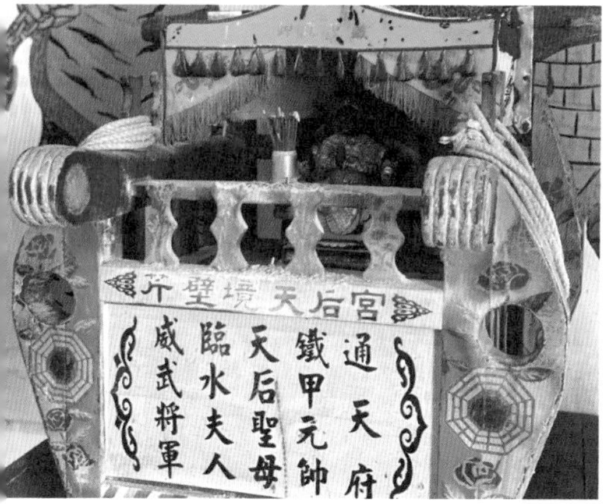

上｜圖4.3
專業者與鐵甲元帥當面溝通（周維崇攝）。

下｜圖4.4
元帥神轎（劉可強攝）。

群眾全都擠在臺北近郊一處公寓裡，我們一行四人為學者代表，縣長和他的助理也前來參與這場與神明面對面溝通的協商會議。

會議開始時，首先進行一個簡短的儀式，轎夫們點香祝禱並分喝一碗酒，鐵甲元帥端坐在轎夫扛著的神轎上。最初依神明旨意繪圖的地方建築師，帶來他的簡報並投影在牆面上，簡報完對話就此開始。狹窄的房間瀰漫著燒香的煙霧，每個人同時用不同的方言講話。當中間一度安靜，我快速地表達我的意見，芹壁是一個依山勢而建且外觀簡樸的石頭建築聚落，擔心新建廣場和牌坊的規模和量體會影響既有的景觀。我的意見被翻譯成方言，轉述給鐵甲元帥聽。過了一會，轎夫們又扛著神轎前後左右舞動，突然間又似乎有自己意志般地停下來，神轎的其中一支轎桿開始在一個預先準備的木板上寫下中文字。

四名轎夫中有一位是主要的翻譯人，大聲地唸出文字，然後每個人發表他們認為神明想要表達的意思。神明說祂想要更大的廣場，因為祂要辦一個盛大的宴會，牌坊則要更高，要跟天后宮一樣高。這樣的對話又持續了二個小時卻毫無進展。我們試著不要去違抗神明，但也不想默許祂的旨意。另一方面，這位神明持續以祂的立場展現祂堅定的意志，祂不僅能透過口語或書寫表達意願，祂也能用空間圖說的概念溝通。在某個時間點，也許是不滿我們的堅持，祂就直接畫出牌坊的外形和樣式，是一座裝飾著三個拱門的巨大牌坊，遠遠超出廟前可用的空間。時間已接近傍晚，我們仍然是一場僵局。

不曉得該怎麼與神明繼續「理性」溝通，但也不想依祂的意願決定，我們只能想辦法不要在當天直接做出決定，設法推延時間。因此我們試圖提出了兩個看法：第一是神明畫的拱門造形看起來不太像中國式的，不符合地方傳統；第二點是用簡報呈現的只有二維平面圖像，無法反映牌坊在陡坡上的實際樣貌，希望神明同意我們另外準備一個3D立體模型給祂看。經過一陣子的翻譯和混亂的交頭接耳，神明居然同意了這個建議，讓我們大大鬆了一口氣。我們約定三週後會帶著基地模型和新的廣場和牌坊建議。這次去芹壁請示神明。

接下來的三週內，我們動員製作一個基地模型，放上了既有廟宇和新的廣場和牌坊。私底下，我們團隊密集地與社區領袖、協助翻譯神明旨意的主要轎夫討論，協商什麼樣的方案最能被雙方接受。我們做了好幾組牌坊的模型，每一組都是依私底下的討論修改。最終三週期限到了，我們提出一個希望雙方都可以接受的設計。然後，我們帶著基地模型飛去馬祖，在天后宮與鐵甲元帥召開正式的協商儀式，現場還有許多人員一起參與，包括德高望重的專家學者、更多的地方居民和政府官員。這更像是一場洋溢著節慶氣氛的盛大聚會。

在縣長和眾多專業者的注目下，我們將模型呈給鐵甲元帥審視。這個模型讓討論清楚可見，非常有助於與神明溝通，例如，祂詢問牌坊的高度，在我們回答之後，祂最後定奪出一個牌坊高度的數字。整場對話進展地非常流暢，很快做出最後決定。看到這個共識，所有人也鬆了一口氣。宮前廣場和牌坊的新修圖面及施工圖準備好之後，原預計六個月內施工完畢。

邁向跨文化溝通之路

青蛙神這個故事提出的問題多於答案，但讓我們認知到一個非常重要的事實：關於村落中居民的生活，青蛙神以慈悲憫人的媽祖之名

右｜**圖4.5**
牌樓模型作為溝通工具（周維崇攝）。

下｜**圖4.6**
牌樓設計圖（周維崇提供）。

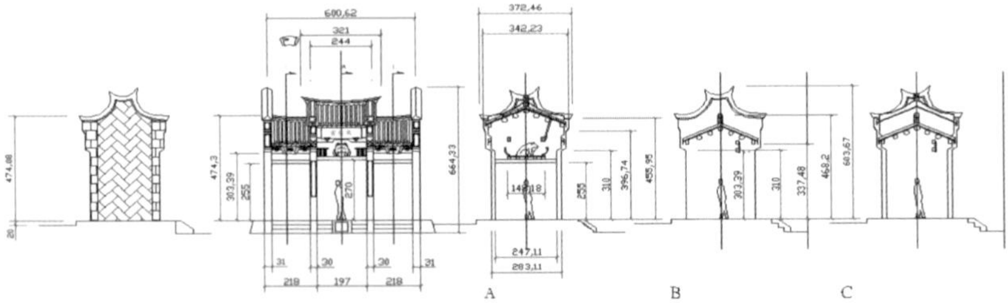

掌管了近乎絕對的權力。另外，這個案例當中最為有趣的是「專業者」與鐵甲元帥之間的關係。

「專業者」代表的是特定領域的理性和權威，在這個案例中則是建築與地景的規劃和歷史保存。「專業者」通常被視為知識領域專一且狹隘的「技術專家」。另一方面，鐵甲元帥作為地方智慧的化身，代表的是全面管轄總體事務，而非單一部門。這裡的總體是指社區的全部、過去與現在、物質與精神、實際地景和所有的村民。即便是在芹壁這樣家戶稀少的小村落裡，這個浩瀚的總體只能以神明的形式存在，也就是鐵甲元帥（青蛙神）。那麼，當專業者遇上地方智慧，會發生什麼事呢？從這個相遇的過程，我們發現一些值得關注的關鍵點。

若從青蛙神的角度出發，祂可能私下地喃喃自語：「我這麼慷慨無私地為有需求的人提供建言和背書。不論何時來問，我總是會回答。現在我看著大家修繕房舍迎接旅客，我也想整理一下我的前院，把它擴建地更大一些來歡迎我的朋友們。」對青蛙神而言，這聽起來是個合理的願望，能一起參與社區正在做的事，讓社區環境看起來整體提升。寺廟的立面、廣場和新的牌坊，不應該被忽略。若從專業者的角度來看，先前寺廟用大理石改造立面，又不當擴建廣場範圍，已經破壞了村落地景整體的一致性，所以專業者非常反對青蛙神提出來的新願望。這是最初的分歧點，導致專業者不願意前往芹壁拜會神明。

然而，青蛙神並沒有將這個舉動視為冒犯祂的權威，只覺得這是無知外地人犯下的小小不當行為。青蛙神寧可展現祂的耐心與慈悲，

圖4.7　守護天后宮的蛙（施佩吟攝）。

建議若專業者不能前往芹壁，祂可以到臺北會面。這讓專業者陷入有點尷尬的處境，迫使專業者必須面對一大群青蛙神的信徒。在臺北的會議中，打破僵局的關鍵是專業者提出：當時的簡報內容只是二維平面的圖面，很難評斷是否設計得當。其實青蛙神和村民都很瞭解村落的地貌和環境，但他們默許了延後決議，先等待3D立體模型完成。對專業者而言，這個提議是個賭局；對青蛙神而言，這是繞過既有僵局的合理行動。沒有哪一方丟了面子，青蛙神是很有謀略的。

回顧

任何一個還在活躍的社區，其內在的變動都有自己的邏輯和步調。在芹壁的案例中，即使大多數的村民已經遷居他處，只留下少數家戶和青蛙神維繫著日常生活和社區運作，社區如何共同做出公共決策，明顯是透過青蛙神的強力運作。當外部成員進入社區，會發生什麼事呢？我們太常看到社區因為外部介入而分裂，即使原本介入的意圖是出於善意和人道，但結果往往不太令人滿意。不論是在農村社區或都市社區、富裕或貧窮社區，或是原住民和主流社會裡，這些案例層出不窮。專業者介入原住民社區房屋興建或是都市更新計畫等鮮明的案例中，都會以改善環境及現代化之名改變現況，但最終代價常常是社會崩壞和組織沒落。

在芹壁青蛙神的故事中，我想表述的是專業者與在地文化的近距離接觸（experience-near，人類學中具相似經驗的名詞）。若沒有前期的文化資產規劃行動，建立起當地人與外部成員之間信任，就不會發生這次的近距離接觸。也是這樣的信任讓雙方建立出相互尊重和熟悉度，也許我們可以用「同理互映作用（empathetic interplay）」來稱呼它。這也是外部專業者能更勇於提出反對廣場興建來對抗青蛙神的關鍵。

最後，在任何活的社區中，故事的力量是凝聚社區的關鍵。即便這個案例中青蛙神的超能力是無形的，村落的居民、縣政府和中央官員全都相信青蛙神的權威，讓這個故事成為村落中持續流傳的傳奇。在二〇一四年，也許是青蛙神另一次嬉鬧的娛樂幻想，祂要求信徒們要為祂和祂的同伴們表演一段京劇，村民有點被嚇呆了，因為他們的文化傳承是南方的福建方言，完全不熟悉遙遠的北京文化，他們怎麼有辦法表演講北京腔的京劇呢？但是，村民們很認真看待青蛙神的要求，他們邀請了國光劇團前來指導，花了一年時間學習京劇並完成表演（請參考記錄片《御甲戲園》[2]）。村民群策群力就為了回應青蛙神的指令，成就了又一次的文化創新。

謝誌

本文原以英文When Professional Knowledge Meets Local Wisdom為題撰寫，發表於二〇〇五年《第五屆環太平洋參與式社區設計研討會》。作者重新編寫後由蔡菁芳翻譯，特此致謝。原論文撰寫始於二〇〇三年秋天，正值筆者休假前往加州大學柏克萊分校景觀建築系客座講學。特別感謝倫迪・鶴斯特（Randy Hester）聆聽這個故事並提供其洞見。

1 實質的保存修繕、施工，以及未來使用與經營管理規劃，則由台灣大學建築與城鄉研究發展基金會專業團隊負責執行，團隊主要成員為劉可強、吳瓊芬、周維崇。

2 公共電視曾於「紀錄觀點」二〇一六年二月二日播放紀錄片《御甲戲園》，宣傳短片請見https://youtu.be/aMKeB1zv1Ao。實體影音出版品請參考：https://gpi.culture.tw/books/3910500390。

《御甲戲園》宣傳短片

《御甲戲園》
實體影音出版品

5

經營日常：馬祖西尾半島物產店

施佩吟——文

施佩吟——西尾半島物產店主理人，畢業於台大建築與城鄉研究所，自二〇〇九年起陸續透過不同的實驗行動，發展多樣態社群網絡計畫，包括羅斯福路沿線綠點營造、Open Green打開綠生活、社區交往等計畫串聯。專注在行動中，觀察研究及發展人和群的未來性。二〇二〇年起，持續往返離島-本島，透過開一間店，嘗試發展另一種地域活化的實踐模式。

教戰守則

- 讀空氣：先忘記動腦袋和出一張嘴的專業技術，空氣中充滿了地方知識，只等待你喚醒身體感官的讀取。
- 練務實：當地方的人期待你跟他談斤論兩，你就要跟他談、當地方的人忙到沒空講話，你就要閉上嘴一起下去幫忙、當地方的人追趕著天候捕魚曬魚，你總得在節氣中學會搭上話，說你知道東北季風來了，正值風霜天。
- 獲信任：透過日常的相處習得地方人們的「語言」（包括身體感官），結合空間或場域，邀請自己和滾動更多夥伴，用駐地生活一起喜歡上地方。地方的人們也會因此喜歡上你（們）的。

西尾半島物產店，開在一個從台灣搭飛機才能到得了的地方（從基隆搭八小時的船也是可以啦）。二〇一八年，我有機會出差到馬祖去，當時因為在台北累積了長時間的社區空間改造的輔導經驗，受邀到馬祖「島上好：馬祖社區規劃師輔導計畫」擔任講師，去四鄉五島分享我在台北市的都會空間改造與社區營造經驗。我在還搞不清楚東西南北的小島方位之前，就已經登上了飛機，直到看到斗大的「馬祖南竿機場」才真正醒過來，這裡是哪裡？

愧為空間專業者，失去了生活的日常累積，縱使抵達了離島中這一座最大的島，方位感全無。打開手機滑著地圖，不明白島與島之間，中間隔著那片海，人們是要如何移動？走路、腳踏車、機車、汽車、飛機還是船運？沒有方向感帶來的慌張，也因為離開了都市便喪失了移動能力的感覺，後來只能仰賴既定的安排行程，慢慢掌握了一點地方與地方間的關係。

不同於台灣本島的城市與鄉村的相對關係，這裡的生活感主次關係各自獨立，互不相從屬，既非城，也非鄉，暫且稱之為「島式生活」。島民祖先主要為中國大陸閩東一帶遷居而來的福州人，初始收到豐沛的漁業資源召喚而依漁汛季節短暫停留，漸漸地扎根落地，形成「一澳一村」的聚落發展模式。一九四九年以後，受到冷戰的影響，逐漸與金門、澎湖形成「戰地前線」島鏈的一環。

登島像是一個儀式，疆界與疆界之間的跨越並不容易，它需要更多轉換的過程，從買機票、看航班、留意天候、check-in、查驗身分證及安檢等，雖然飛機航班只要五十分鐘即可從台灣抵達馬祖，但受到地理位置與島嶼氣候的影響，馬祖「並非一個你想來就來、想走就走的地方」。理解「島式生活」的第一要件，就是接受所有可能需要付出的代價與風險，也因此更挑戰習慣都會生活者的彈性適應能力。

當語言無用，溝通還剩下什麼？

最初因為演講與現勘輔導的工作關係而登島，以為能將過往在台灣本島專業實踐的經驗加以連結或延伸應用，卻遭遇到前所未有的挫折，令人灰心。

挫折來源大致分為幾種情況：第一挫折是「語言不通」。不是因為馬祖人講方言「福州話」的那種不通，是全身上下都不通的不通。離開了都會地區，對於「法、理、情」的認知與理解基礎不同，例如在規劃輔導的操作原則及流程簡章，沒有辦法透過傳遞文件、舉辦說明會等冷冰冰的文字作為充分溝通的基礎，脫離了生活習慣，民眾參與公共事務領域的距離，處於「有看沒有懂」、「有說沒有用」的狀態。甚至，說明會、交流會這樣的活動形式並非居民或代表習慣的溝通互動場合，再加上專業團隊來自台灣本島，居民不熟悉這些面孔及計畫緣由、目的及效益，專業者執行計畫工作雖滿足了舉辦輔導會議或活動的形式，但溝通的效果大打折扣。甚至好幾次，台上講師加上工作人員的人數，比起坐在台下的人數還多。

隨著網路科技的進步，專業團隊多能仰賴簡報、計畫書、電子郵件、網站公告等方式達到佈達的目的，並搭配實體說明會活動達到雙向的提問、回答的互動，在社會大眾逐漸習慣與政府政策計畫、專業領域的互動與分工機制以後，促進公共事務在公領域生活經驗。相較而言，馬祖的人口結構受到外移的影響，以及以觀光旅遊產業型態為主的人力條件，勞動力長期不足，要擠出多餘的人力或時間投入公共事務是相當困難的。在這樣的社會生活條件下，民眾參與公領域所帶來的效益、正向經驗連結的經驗不多，與生活文化脫節，專業領域的公信力無法累積。當「語言」無法承載規劃願景、輔導專業、文字論述，也無法作為與當地居民溝通的媒介，「語言」的操演更凸顯了規劃專業領域「說得多、做得少」的劣勢，更形成了專家輔導脫離地方脈絡，產生民眾認為來自台灣的專業就是「空降指導、套用其他地方的經驗，根本不符合馬祖當地社經狀況」。

島式生活的融入法則

一九九九年馬祖四鄉五島全區劃定為「馬

右｜圖5.1
向漁人學習淡菜生剖作法（施佩吟攝）。

下｜圖5.2
小黃魚捕捉上岸，趁著冬季北風吹起風霜日趕著曬魚乾（施佩吟攝）。

祖國家風景管理區」，二〇〇一年以後，馬祖開放小三通直航中國大陸對岸福州，開啟了離島馬祖邁向觀光型景區的生活服務型態。平均每年約十萬人的觀光旅客量，對比於全縣實際居住人口少於一萬人的條件下，在地居民每到旺季期間簡直是疲於奔命，滿足觀光客食衣住行的旅遊需求。每個人身兼多職，例如一位公務員退休的壯年人，清晨大早從事養殖業、下午擔任開車教練、傍晚整理出貨及淡菜銷售。也常見公務員身兼幫忙家中民宿、餐廳等工作。

多工的事業型態乍聽不可思議，但對馬祖人來說，這是勤奮、生存的道理。漁業時代累積下來的汲汲營營生存工作的習慣，以及在離島共生需格外珍惜有限人力與時間，養成了島上生活者「務實」的天地觀。換言之，規劃者、專業領域習於操演的願景、理念，屬於看不見、摸不到的「未來式」，且這些未來的可能性往往在諸多因素影響下，導致計畫未曾發生。與其

圖5.3
日常即景，翻出周圍傾頹老屋的古董，大家一同清洗整理環境（施佩吟攝）。

對想像未來、沒發生、可能發生的事務抱持期待，擁抱務實主義更能撐起在島上生存的每一個當下。當民眾離開了想像的能力已久，「務實」是產生溝通與對話的前提。

離開台北到了馬祖，身為從事空間專業的工作者，彷彿進入另一個世界。離島的風土人文差異衝擊下，敲醒了我原先受限的經驗與思考。「如何透過空間的專業開啟地域的活化？」「地區永續循環、自給自足的經營模式是否可能？」因緣際會下，得知四維村的芙蓉澳有間由政府出資剛整修好的民房要委外出租經營活化，適逢在島上期間便去看看。走進小巷之前會先經過堆滿漁具的養殖作業場，與現場的大哥隨意攀談聊聊，啟發了一些跟漁業結合的靈感。二〇二〇年連江縣府產發處將「芙蓉澳海洋人文體驗館」空間正式上網徵求經營業者投標，每三年檢視一次，至多可以經營九年。與一般不同的是，房地取得類似OT（Operation營運、Transfer移轉），持有者是民間私人產權（林義和後代子孫），由政府取得經營權十年，投資興建整修完成，委由民間機構營運，營運期滿，營運權歸還政府、再將空間歸還給原屋主。

開店才能「被認識」

島上很小，每個人之間的利害關係鑲嵌得更為緊密。這當中，從幼兒園時期到念高中階段的同學關係，到姓什麼來自哪個聚落哪個家族的臍帶關係，或者是擔任軍公教職彼此隸屬的階級關係等，總之，島上的居民幾乎沒有誰不認識誰的，有點像是傳統聚落的放大版本，整個島都是一個利害關係相互交疊共構的場域。島民對於是否為馬祖人的認同感程度還會細分，分為：在地出生在地長大、出外唸書返鄉者、嫁至馬祖的媳婦、在台灣的馬祖人等等，親疏遠近的分野形成排外的現象。

身為一個「台灣本島人」要如何融入馬祖，著實費盡嘗試，找到新的角色與關係切入，把握「務實」的原則才逐漸打開對話的空間。具體的說，務實的首要功課，不能是積極的去認識當地人脈，而是建立介面，換得被動認識的機會。「經營日常」的核心在於捕捉島民在島上生存的節奏，理解藏在日常生活當中的默會常識，而「開一間店」是最簡單直白的溝通語言，提供被島上民眾認識的話匣子。開門七件事，柴米油鹽醬醋茶，一樣都少不了，每週營業，開店、關店、上市場買菜、叫貨、在路上遇到客人、向漁民進貨、倒垃圾記得互相提醒、哈拉天氣及今日船班海浪狀況、一起度過罕無人至的冬天等等，在這些微不足道的細節裡，悄悄地便融入了「務實」的島式生活，也逐漸領略島生存之道。務實之中，得以拼湊、摸索列島群領土生活者的天地觀。因為對台灣本島的生活與工作狀況脈絡陌生，建立信任關係需要透過「做」才能產生理解的可能。揚棄過往積極式的輔導、指導當地社區的專業模式，轉為創造話題與互動介面，被動式地讓居民認識你。

二〇二〇年末，我正式將戶籍遷到北竿，我與島民關係逐漸轉化與融入，從過往「妳何時離開？」的問候語，到「你什麼時候回來？」的各式電話追問。

迎接務實的「西尾半島物產店」

「西尾半島物產店，在馬祖南竿島西邊最尾端。曾是海上梟雄林義和的戰略基地，現在我們在這迎接在迷霧中的旅人，交換島內外物產，讓你吃上一頓暖暖飯菜。離島不遠，歡迎登島！」

上｜圖5.4
用日常和地方交往的心，用一間店成為芙蓉澳地方活化的夥伴
（定影影像工作室 FIXER Photographic Studio攝）。

對頁｜圖5.5
淡菜養殖的漁民大哥，工作繁忙分身乏術，不習於用語言表達溝通，是學習讀空氣的好時候
（施佩吟攝）。

「西尾半島物產店」開在一個意圖使人找不到的地方，一方面真的是因為建物的歷史，「海上梟雄林義和的辦公處」選點在隱密的澳口角落，另方面是開這間店實際上也是希望有個據點，能好好蹲點、田野調查、企劃好玩的活動，以及有個好好休憩的「辦公室」。

取名叫做「物產店」是因為看到馬祖街上有許多特產中心、物產行、商行等商業交易的空間，裡頭販售各式高粱酒、馬祖傳統小點、伴手禮等，期望拉近居民與文青小店的距離，也期許自己能持續以地方為靈感泉源，不斷的產物。在島上，開門「做生意」是天經地義不過的事。可惜西尾半島是那種近中午才開的店，週休兩天、一天開滿八小時就休息、菜單上選擇很少，常受到在地長輩數落「太不認真工作了！」開店前進駐整理時，芙蓉澳的漁民大哥都跑來看我們，抱持著這麼隱密的的地方，究竟可以玩出什麼把戲，要如何賺錢？因為「未來」、「可能」的語言不切實際，於是我便說「要開一間咖哩飯店」。「就這樣？！還有什麼？」「噢！還有選物，一些特產什麼的。」原本是我

在屋內陽台，他們在屋外探頭探腦，後來覺得這樣喊來喊去的講話太累了，也聽不太懂我在說什麼，漁民大哥終於願意踏進店來看一看。

大哥們身穿漁夫裝，高筒雨鞋總帶滿泥沙，有時身上會有濕漉漉的水珠。好不容易走進店來，看到上二樓竟然還要脫鞋，便搖搖手說「我不上去了，我們以前都有看過了。」三邀四請之下，帶著他們全數逛逛，也獲得了更多指導。「你們這樣不行！座位太少。」「每天限量？！不行不行，太少太少。」「要跟旅行團配合，他們一次來人都很多，你們這樣才會賺錢，懂不懂？」「就是要用網路，現在東西都要PO上網，你們這樣才會有人來。」

接受指導，練習讀空氣

從賺錢的日常來說，漁民大哥們的經驗比我豐富，「接受指導」是建立此友善關係的基本。雖然有時候會覺得例如要在歷史建築空間做觀光團客吃快炒「根本不搭啊！」但忙碌的大哥們願意不停下手邊的敲淡菜工作，還一邊給予經驗指導，這樣的互動是很珍貴的。言談之間，乍聽之下是在指導，但溢於言外的才是最重要的訊息。「芙蓉澳」是自古以來天然的漁村澳口，當初海上梟雄（也有人說海盜、土匪）林義和選在南竿西邊正對閩江口岸的四維村扎根落腳，正是看重澳口向內凹的地形地勢，可以停泊船隻、便利上岸，且可以避開洶湧的海浪。

一九三〇年代的澳口極為繁榮，從碾米廠、兵工廠、發電廠、通訊系統、定置漁業、蓋洋樓等，曾是馬祖最繁盛之地。一九四九年後，受到戰地政務的影響，傳統漁村急遽沒落，實際居住人口不超過十戶，土地也為國家徵收作為國防使用。西尾半島進駐芙蓉澳後，有許多人認為這裡活起來了，然而在這些日常的言談之間，才發現有更多的困境在前頭。包括荒廢空屋找不到屋主，難以活化、部分土地分別由國防部及縣府持有，整合困難、養殖漁業缺乏加工製造用地、設備，漁民的貽貝類、昆布等上岸後只能新鮮出貨，無法產生附加價值。離島生活存在著許多生存前提，已經形成默會的生存知識。島民們忙碌於當下現實的時刻，往往難以分神理會外來專家們的指導或各式問題，「已問不答、已讀不回」的狀況也存在著彼此在地知識的落差，凝滯的對話過程，漸漸學習「讀空氣」，因為答案往往要重置在地的生活認知及等待。

地方交往而來的菜單

從賣簡單、足夠旅人溫飽的咖哩飯開始，漸漸的菜單上面增添了許多與當地業者交往的新貨色。「芙蓉澳地產法式淡菜」是第一個新添的販售選項，一位名叫池浩的大哥，是我們進駐後第一位認識的在地朋友。他和他的哥哥同樣從事淡菜養殖業，因此我們便喚他池小哥，而另一位則是池大哥。池小哥腦袋中總是充滿創意，建議我們可以在店裏設置一缸養殖魚缸，這樣淡菜就可以保持活體新鮮。他也教我們煮淡菜、生剖淡菜等等，提振我們從未料理過海產的信心。

店的外場是一位大學剛畢業因為到北竿打工換宿自此愛上馬祖的台灣本島女生，立志要到離島工作，叫做小鍾，成為固定在馬祖工作的店長。內場，就是管廚房煮飯菜的人，我邀約了幾位朋友、夥伴，提出「客座主廚」的想法，每個人（包括我自己）一次登島一個月，然後三至四位夥伴輪流擔任主廚，前半年就是這樣撐起來的。Morgane 是一位法籍都市設計師，我在一場BBQ的活動上認識她，因為專業領域相近，同樣喜愛烹飪的她也欣然答應登島擔任客座主廚。挑戰接踵而至，包括法國人要煮飯（不知道怎樣是好吃）、煮咖哩（不熟悉這種醬料）等，但是淡菜（Mussels）這種食材對她而言充滿想像，用白酒、迷迭香、奶油、紅蔥頭、檸檬，信手捻來的食材一下子變出法式淡菜，獲取許多島民的注目。甚至，許多客人等到輪值Morgane登島時便慕名而來。

開店經驗雖然新鮮，但也因此遇到一件生命當中無法遺忘的遺憾。池小哥在二〇二〇年九月的一個清晨，因為赴海邊採螺而發生意外過世，再也沒有機會跟他討教、交流新式淡菜作法。為了將這段緣分留下紀念，我們開發了一款「『柒號』淡菜一夜漬」，以橄欖油和香料封存新鮮淡菜，請他的家人協助擲筊徵得小哥的同意，將這款料理以池小哥的商號「柒號」作為命名。池小哥的離世，帶來許多哀傷與懷念，這段期間，我們與池小哥的哥哥、妹妹及朋友累積了更多互助的互信關係，彼此間像是有了生命的交疊，原本較少互動往來的池大哥便更像是我們的大哥，聽取指導和意見，和他分享在店裡與澳口發生的大小事。店裡的創始成員都是來自台灣本島，赴馬祖其實就像是離鄉背井，在外難免有孤寂或難以融入之感。池小哥的事件發生後，與地方一同面對狀況、一同應變、一同行程的地方生活共感也悄悄埋下了種子，我們也逐漸融入當地。

旅遊淡季，與島同在

秋冬的馬祖，緯度高，再加上受到東北季風的影響，冷冽的寒風晚上最低溫可至七度，體感溫度會更低。旅遊業進到了冬季，極少遊客，許多島民甚至在冬季選擇暫歇業，返回台灣本島過冬。二〇二〇年也是我在西尾半島渡過的第一個寒冬，因為不了解天候帶來的影響，除了發現客人減少以外，還親身經歷了島民生活接軌的節奏。島上的居民以旅遊服務業為大宗，沒有了旅遊訂單，島民們才有較多的時間可以出門休憩。西尾半島「像是一間在台北的店」，我們也因此在這的期間接待了許多馬祖居民、工作者、小幫手、軍人、等候航班的人等不同生活形態的民眾。在溫飽一頓餐的時光，彼此分享在島上的資訊與見聞，無形中這間店像是情報交換場所，雖然顧店無法出門，但卻能汲取島上大小事。

島上缺乏能放鬆、休憩、沉澱的公共服務，西尾半島的台北感，某種程度成為了一種在地

海上中繼站－芙蓉澳
南竿最西端的芙蓉澳口，位於閩江海域的出海口，是上海到福建的航道要衝，其地形後有山頭，前有岬嶼，加上坐東朝西，可避南北風，是中途補給的必經之地，曾有超過上百艘船隻停靠，為地方帶來空前的繁華。

圖5.6
西尾半島店內一隅，標註曾為海上中繼站芙蓉澳繁華（施佩吟攝）。

人的私房景點，提供島民一個在島上也能享有安靜放鬆的好去處。夾在馬祖與台灣本島的中間，西尾半島的客群依季節而有不同，旅客與在地居民大約各半。九月份剛好進到淡季的開始，有一位馬祖年輕人受到「西尾選書櫃」的吸引，先挑上了高耀威（也是本書作者之一）為馬祖選的「海獸之子」系列漫畫，厚厚五大本的書要翻完需要分好幾天，因此這位客人成為常客，一開始先翻書看漫畫，後來也翻看一些發酵、飲食風土的書籍，在這些安靜的時光當中，逐漸成為朋友。開一間店需維持日常，縱使是冬季，也迎接著各式旅人。

不同時間加入西尾半島的成員，將創作與靈感累積在一間店上，逐漸建立起地方自明性，也陸續吸引許多當地夥伴加入，成為可以一起共創的成員。阿丸擅長法式料理，喜歡研究風土飲食，夢想是希望為馬祖找到符合當地節氣的食物設計，二〇二一年開始，也加入了「長期」客座主廚的行列，成為西尾半島的一員。另一位新的外場成員，小昕，有半個馬祖血統，但到了二十七歲才第一次登島。受到疫情的影響，原本在國外打工度假的計畫被迫中斷，因此與家人返回馬祖看看，沒想到一登島便喜愛上了這個出門隨時都能看見海的地方。這間店不只是服務旅人，還迎接了不同的生命狀態與際遇的人們，一同成長。

結語

到離島的一個偏遠角落開店的經驗，突顯「地方」的差異性不只是普通的城鄉差距而已，離島與閩東文化的特質具體帶出跨時域的風土殊異，產業三級跳（漁業聚落躍升為觀光服務業）的發展歷程，挑戰了專業者既有的規劃知識與社造技術，人與人、人與土地的關係，都需要有重新理解的視角，而這些必需的日常理解，沒有了文字（網路vs.實做）、沒有了語言（國台語vs.閩東語），只剩下蹲點一途。當論述已無法反映真實社會的人際日常時，是否有其他新的途徑可以建立新的人際信任？在離島的地方，公共溝通需要通過「日常的做」，而不是像過往在都市中的「介入」那樣的積極或某種程度具有侵略性及防備性。初始先讓「日常專業」的島民觀察我們、指導我們，等到我們一同作息過春夏秋冬之後，學習了在島上的生存法則，當學會了「這裡是馬祖」之後，經驗法則被看重成為了新的「專業」，彼此之間發展出更為平等的視角。

雖叫做物產店，但對我而言就好像是一個離島的駐地工作站，增添了扎實的生活感，賣賣咖哩飯（賣不完也可以自己吃）之餘，透過活動企劃創造更多與島民合作的連結，最珍貴的莫過於搭建出一個與島民在日常中建立信任的場域。好比觀光旅遊業的服務業，提供旅人落地之後的行程規劃與安排；西尾半島物產店則是在規劃專業服務領域跳脫出框架，挪用旅遊服務業、餐飲服務業的溝通語彙，映照出離島生活所需求的新公共服務。這間店提供餐飲服務、主題展覽、藝術家駐店、海洋主題選書櫃、離島本島雙選物販售、地方產品再設計、澳口故事傳遞、淡菜產業體驗、節慶活動場所、島民放鬆休閒所在、被關島的旅客中繼休息站、資訊交換中心，「竿島迷蹤」實境遊戲設計，以及返島青年工作的選擇。在馬祖，說願景太遙遠，這間透過日常運營產生地方研究與企劃的店，「西尾半島物產店」就是一處打開與馬祖人雙向對話溝通的實踐場域。

6

苑裡掀冊：從反瘋車到教芋部

林秀芃、劉育育——文

林秀芃——苑裡掀海風共同創辦人，與夥伴在苗栗苑裡開一家小書店、辦海風季和發起教芋部。成長於新加坡和台北，因樂生保留運動啟蒙，參與台灣社會運動，又因苑裡反瘋車抗爭，來到苗栗濱海小鎮苑裡蹲點，與夥伴從「反」對不當開發，走到社區工作的「返」回鄉土。喜歡與社區夥伴一起天馬行空想像、實踐地方新可能。

劉育育——苗栗苑裡人，大學念心理系，受樂生保留運動啟蒙，畢業後投入社區大學成人教育領域工作，因為反瘋車抗爭返鄉，並與夥伴共同成立苑裡掀海風團隊、開立書店，後來去念台大建築與城鄉研究所，總是在地方工作與反思當中，不斷實踐更良善社會網絡的可能。二〇二二年當選苑裡鎮鎮長。

右上｜圖6.1　苑裡反瘋車的大傘。

左上｜圖6.2　苑裡反瘋車的小傘。

下｜圖6.3　反瘋車抗爭，林清金開著自己的農機具在防汛道路進行移動的佔領。

教戰守則

- 從日常生活中，穿透現象、看到結構性問題。也許看似不相干的幾件事也可以串連一起，提出社會創新的解方。
- 創造人的相遇之後，只要規劃基本的機制，讓企劃有留白的空間，讓行動開放眾人的參與，就會有更多野生力量參與的可能性。
- 實體空間和關係性空間的營造，可能都是從撐開一張陽傘、拉一張椅子開始，組織工作者要把握每個機會，讓人們產生關聯，為地方共好付諸行動，

苑裡鎮是位於苗栗縣西南方的靠海小鎮，戶籍人口約四萬多人，曾於二〇一二年底爆發在地老人家集結，反對不當風力發電機組設置選址的抗爭。這一個「苑裡反瘋車」的抗爭，肇因於私人開發商未能與在地鄉親充分溝通，再加上大型風力發電機組設置離當地民宅、環境敏感地帶過近，引發衝突。

我們就是當年投入「苑裡反瘋車」的青年，於抗爭告一段落後仍選擇留在苑裡，成立地方文化團隊「苑裡掀海風」，並於二〇一八年在偏遠安靜、人口高齡化的小鎮巷弄內，開了苑裡第一家獨立書店「掀冊店」。

大陽傘下的抗爭

從激烈的抗爭到開一間書店，這看似斷裂的轉折，其實有連貫的社會實踐。二〇一三年

夏天，反瘋車運動抗爭最激烈的時候，也是太陽最炙熱的時候，許多參與抗爭的農漁民老人家會撐著自己的傘，或坐或站，在開發商的施工機具旁，以自己的身體抵抗開發機具的運行，來爭取公眾、政府討論選址爭議的空間。

由於每次這樣的靜坐或是站著抗議時間都是一整天，要讓抗爭聚集的大家如此長時間撐傘也不是辦法，於是有人搬來了大陽傘，在道路上搭了起來，眾人就開始收起自己的傘，聚集於大傘下，一起吃飯、討論抗爭進程和策略。隨著抗爭時間拉得更長，逐漸入秋，大家更搬來棉被、沙發、茶几、甚至卡拉ＯＫ機，搭建更完整的抗爭基地，讓眾人可以面對逐漸入秋後，晚上會冷的天氣變化，還有增加抗爭基地的多功能使用的可能，讓守在基地的抗爭者、聲援者可以舒適一些。

抗爭和社區組織，就很像是這樣從個人小傘到集體大傘的過程，大家捲袖營造公共空間，東拼西湊、慢慢地形成一個穩固的基地節點，讓不同的人，在這個空間相會、聚集、討論，並繼續創造新的空間意義和形式。

掀海風獨立書店也認為這種自立自強的「野生」空間，是地方重新集結、面對地方議題的重要起點——唯有讓同村落的人、不同村落的人都能夠坐下來，一起討論公共議題，產生不同的社會連帶關係，才有機會激發出更多對地方發展的另類想像，甚至共同將這樣的想像付諸實踐。因而我們才於抗爭之後陸續建置出獨立書店的空間。

我們在抗爭之後，與反瘋車鄉親以及更多的苑裡鎮民，合作友善農產銷售和在地走讀，原本是在鎮上各個點舉辦，或是在點與點之間移動，但在開設書店後，就能將這些產銷網絡、走讀服務整合進書店空間，並藉由舉辦各項活動，創造人們的相遇與連結，讓書店成為捲進更多同質性和異質性社群的據點。

巷弄裡的掀冊店空間

這間複合餐飲的書店名稱為「苑裡掀冊店」，因為落腳在小鎮巷弄內的社區裡，平日會有老人家拿著看不懂的信件走進來詢問店員，也會有青少年彈琴駐唱、揮灑創意與青春；假日則會有客人隨意翻書，與各種書的意外邂逅，或是年輕爸媽帶著小孩在繪本區域拼圖和閱讀，自主辦理親子共學活動，認識書裡的新世界。

書店隔壁的鐵皮大空間，則有餐飲區提供來訪的人們透過味蕾來品嚐苑裡在地友善農產品做製成的餐點。偶爾，也有舉辦藝文活動，例如全台串聯的影展、書展或是音樂巡演活動，桌椅會配合活動性質隨時調動位置，產生不同的功能性空間，也方便地方社群的多元使用。

工作項目龐雜的掀冊店，在歧異多元的空間使用中，有一項最大公約數，就是「創造相遇」，作為地方的第三場所，舉辦各項活動創造地方人們的相遇與連結，並因來訪人們的參與，動態形塑這空間的樣貌。

因而，當有越來越多高中生和年輕人開始來到掀冊店時，掀冊店的樣貌也開始轉變。尤其在接近大學學測的日子裡，與日常風景稍稍不同，你會看見在寬廣的書店座位區裡，散坐著六、七位高中學生，正低頭、安靜地唸書，或是自在地趴桌休息。翻書頁的簌簌聲以及偶爾低聲的討論聲，此起彼落。

書店空氣中仍瀰漫著考前緊張的氛圍，但在這裡，沒有學校鐘聲，沒有競爭輸贏。過不久，你會看見一位大學生年紀的青年也走進書店，逕自在書店架起了白板，同時也會有越來

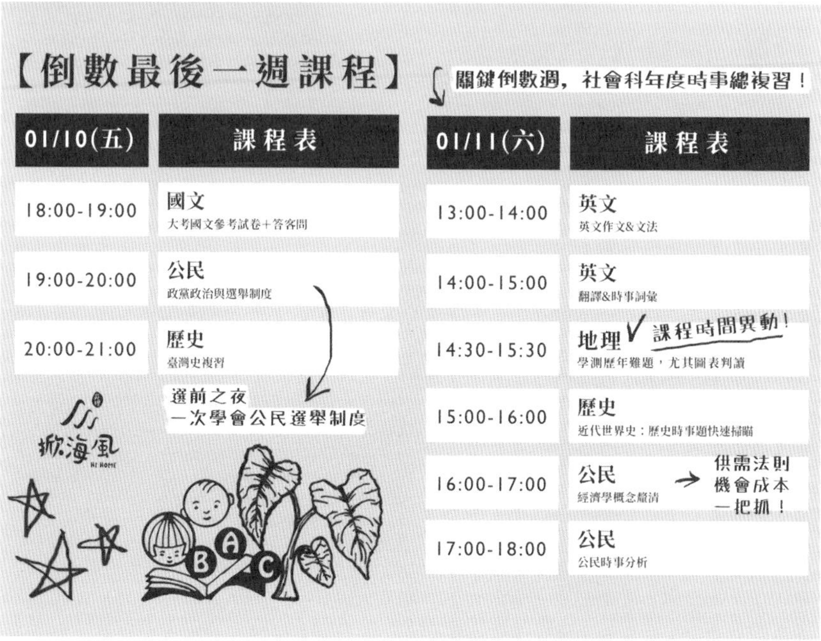

【倒數最後一週課程】
關鍵倒數週，社會科年度時事總複習！
01/10(五) 課程表
18:00-19:00 國文 大考國文參考試卷＋答客問
19:00-20:00 公民 政黨政治與選舉制度
20:00-21:00 歷史 臺灣史複習
選前之夜
一次學會公民選舉制度
掀海風
01/11(六) 課程表
13:00-14:00 英文 英文作文&文法
14:00-15:00 英文 翻譯&時事詞彙
14:30-15:30 地理 學測歷年難題，尤其圖表判讀
課程時間異動！
15:00-16:00 歷史 近代世界史：歷史時事題快速掃瞄
16:00-17:00 公民 經濟學概念釐清
供需法則
機會成本
一把抓！
17:00-18:00 公民 公民時事分析

上｜圖6.4 在掀冊店的教芋部。

下｜圖6.5 苑裡教芋部課程表。

越多高中學生跟進來書店，趕緊拋下沉重書包、找位置坐下。很快地，大學生青年就會開始分發講義，講起課來，內容可能是國文寫作、英文、數學或是地理，並在上完一小時的課後，留下來跟高中生們互動，產生更多的對話，對話內容也不再限於哪個題目該怎麼解，而是哪個科目要繼續補強，更多是關於青少年探索生命、自我發展的議題。這是「苑裡教芋部」每年底到學測前常見的風景。

苑裡教芋部的生成

青年教育志工多是居住在苑裡的年輕人，或是暫時居住在異鄉求學、工作的苑裡人，他們運用自己的閒暇時間，來為困在考試衝刺壓力中的在地高中生做課後輔導，但也不只是提供課後輔導，更多是陪伴著這群高中考生面對他們的人生正準備經歷重大轉折的階段。

志工來歷多元，有參加掀冊店在地走讀活動，在活動後主動表示願意擔任志工的苑裡人；有網路上看到活動的網友，網路聯繫自告奮勇報名要來教英文、社會、自然和數學的；也有移居苑裡的醫師，在張貼了教芋部課表的店家裡吃了一碗豆花時，抬頭看到訊息，就來書店約排上課時間。

會參與教芋部的高中生緣由也不一而足，有家境上無法支持補習的，有在家裡念書壓力太大的，也有喜歡多一點人一起唸書的感覺的。

掀冊店像是廣場一樣，帶著不同原因和不同背景，大家在一處公共場域相遇。觸發如此的相遇之後，要維持這樣空間的營運，則需要資金投入以支持這樣的空間使用。

與此同時，在書店吧台的另一側，有掀冊店夥伴們忙進忙出地工作著，將農夫林清金剛送來的友善種植芋頭包裝成箱，準備等待客人取貨，或是宅配寄出。這批芋頭售出的盈餘收入，就是支持青年教育志工車馬費、空間維護的重要基金。

林清金自反瘋車抗爭開始就與我們熟識的，抗爭時會推著自己的農耕機來到風機施工現場，是位願意為公共和社區付出的老農夫。抗爭後持續與掀海風合作，將部分慣行農法田間管理的農田，改成完全不使用農藥化肥的友善種植農法。由於苑裡和以芋頭著名產地大甲，同屬大安溪沖積平原的風土，適合種植芋頭，所以林清金的部分田地在多年前轉作芋頭。然而，每年底芋頭豐收的時候，卻是這些芋農擔憂的時候——有時候價格會崩盤，讓一年一收的芋頭血本無歸。如果完全交給盤商販仔去販售，農產的收成和價格，就是跟天公和市場開賭盤，看今年運氣如何，決定收入盈虧。

因而，我們以一斤一百元收購林清金在市場上滯銷的無毒芋頭，將販售收入的六〇％回饋農夫和支付農產物流運銷費用，這個收購價格是盛產季節收購價的兩倍以上，讓像是林清金這樣的農夫有意願持續以友善種植的方式照顧芋頭田，同時讓消費者吃到安心、好吃、友善環境且能幫助其他人的芋頭；剩餘四〇％的收入，挹注於上面提到的教育課後輔導活動。

以苑裡教芋部為名稱的計畫於焉而生，串連起更多有錢出錢、有力出力的苑裡人們，一起來促成更多在地學子更好的學習機會。第一年很幸運，在一週內召集透過既有關係網絡、公開張貼網宣，找到了三十堂課的教育志工，並且持續至今。到了教芋部第三年，我們除了固定在年底指考課前衝刺輔導，甚至開展出大專院校分享科系職涯、協助高中生準備升學書審資料的互助工作，以及更進一步前進教育現場，與苑裡在地學校老師發展轉譯地方知識的一〇八課綱校定必修與選修課程。

每年教芋部平均賣出五百斤的芋頭，開辦的課堂則平均有二百人次的參與，學生主要來自國立苑裡高中和縣立苑裡高中兩間學校為主，也會有在外地清水、台中唸書的苑裡高中生來參加。這些學生透過海報、傳單和口耳相傳等途徑，得知「教芋部」此項計畫，不同校、不同班的人們，有了一起唸書、為某件事一起努力的經驗，也因為承諾要做社區工作，而有了更多的互動和更深的情誼。至今升上大學的他們有不少同學會彼此私下聯絡。

上｜圖6.6
芋農林清金。

下｜圖6.7
苑裡教芋部的教育志工帶著高中生進行作文課程。

不只是課後輔導或升學指導

苑裡教芋部也不只是單純的課後輔導。其設計初始概念是：「自己的孩子自己教」、「傾全村之力來撫育一位孩子」，以民間自主形成的在地支持網絡，來補足地方學校體制、家庭等資源的不足，承接需要協助、陪伴的孩子。

而為了自主、永續經營，苑裡教芋部經費的籌措，是透過販售苑裡在地友善種植的芋頭，以支持苗栗苑裡的青年返鄉協助比他們更年輕、正深陷升學體制考試深淵的高中學弟妹；此外，苑裡教芋部的教與學，不是停在考前衝刺的課堂——這反而是教與學的開始。在考後，教芋部鼓勵每一位曾上過一小時免費課程的高中學生，必須空出兩小時的時間回饋投入社區服務，並由苑裡掀海風團隊媒合需要志工的社福團體、農人，或是再鼓勵成績較好的同學，

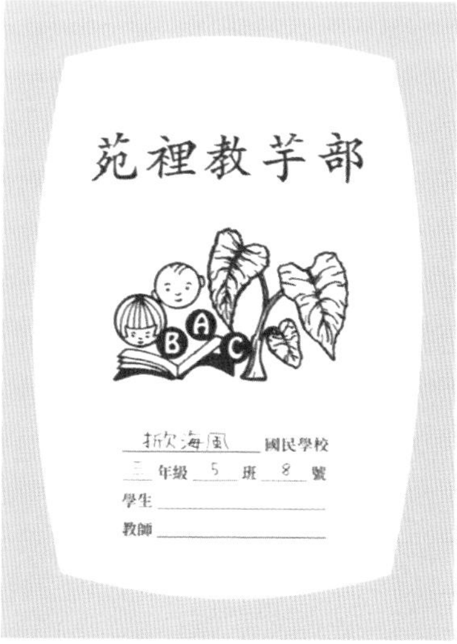

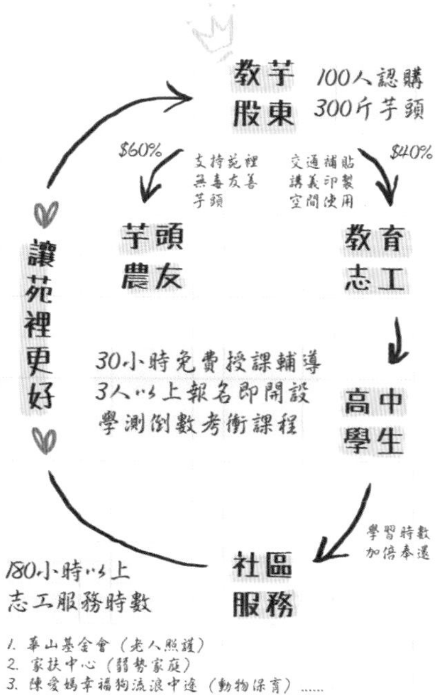

圖6.8 苑裡教芋部循環機制圖。

幫助國中學弟妹。除了是建立受助於人、再幫助他人的善循環，更重要的是透過走入社區，進而拓展高中生有機會接近學校以外的在地學習場域。

這是同時引進、運用社區支持型農業和時間銀行的兩種概念進行社會設計，目標是希望建立由農人、消費者、教育志工、學生、社福團體所組成的在地友善支持網絡，讓住在苑裡的人們彼此互助、共好生活。

有趣的是，這項計畫不只捲動了我們原本設想的服務對象：農夫、高中生和教育志工，也意外帶動了在地店家、居民、高中老師的主動參與——在地店家主動索取和張貼教芋部課表幫忙宣傳；老師捐出了家中的二手自修、評量、講義；在地媽媽買了芋頭，再跟還在唸國小的孩子製作成芋圓，煮甜甜的熱湯送來書店給唸書的高中考生加油打氣。

這樣的在地互助系統中，擴大教芋部的「參與」範圍和對象，網絡有機增生，每一個人都成為行動者。這樣參與的自主和擴大，也讓設計教芋部初始機制的我們，感受到：計畫中的留白，也是設計參與的必要；一開始就完整完美且經費充足的計畫，反而不會有這樣野生、且不斷增生的空間。參與，是利他也利己的過程，而我們的任務就是讓「參與」發生，一切就會隨著地方的真實需求動能開始跑起來。

第一屆教芋部的學生周宗霖，也因為參與課輔，並投入回饋社區，擔任社區長者數位課程的助教。我們在更多的互動當中得知他希望高中畢業後，能先投入職場。因而我們藉由媒合教育部的青年領航計畫，讓周宗霖加入了書店經營團隊，除了投入農業推廣，每一年的教芋部也讓他陪伴學弟妹一起度過考試最煎熬的時刻，也讓他練習將在掀海風所學的苑裡在地知識，轉譯進母校的在地課程當中，從高中的課程中培力學弟妹也以不同的視角看待自己的家鄉。

教芋部與農業產銷

苑裡掀海風如果只是認真經營一間書店，就算得以憑空設計得出苑裡教芋部的機制，卻極有可能無法落實這樣的行動方案。這是因為，教芋部企劃雖然命名或是概念上新穎趣味，故事行銷有亮點，但是教芋部背後所涉及的農作物產銷、社群網絡串連卻是相當複雜，包含物流安排、農產銷售和客群經營的眉角，也必須奠基在苑裡掀海風斜槓的日常地方工作當中，本有經營友善農業的項目，才不會在後端銷售出現問題，引發客訴，或是在生產端和物流宅配出現庫存過量的問題。

我們會選擇芋頭這個農作物，除了因為諧音「教育」、「教芋部」之外，芋頭是適合種植在苑裡風土環境的。此外，剛好這幾年，芋頭也是經常遇到市場價格崩盤問題的農產品，畢竟細究芋頭的產銷特性，芋頭屬於一年一收，需要十個月左右的生長期，若是無法在熟成後的一定期間內賣出去，農人可就頭痛了，因為這等同於這一年這塊田的收入為赤字。生產壓力這麼大的農作物，也因而通常會灑農藥控制病蟲害，以降低損傷或是歉收的風險。所以相較之下，友善種植、不撒農業化肥的芋頭，就具稀少的特性，適合在友善農業的市場上販售。

但芋頭也有個產銷上的優勢：芋頭熟成後尚可在田間等待一陣子，於需要的時候再進行採收。雖然分太多次採收成本會變高，但只要抓準每段時期會賣出的量，進行採收時間分配，就能大幅提升田間管理效率。此外，芋頭本身算是耐撞、耐放的農作物，所以在農產運送上比一般水果蔬菜類來得單純，不容易於運送過程折損。農產行銷上還需考量的消費者接受度，在台灣，芋頭烹煮方式多元，料理上甜鹹皆宜，相當受一般台灣人歡迎，所以行銷上也是相較容易的農作物。

當然，最重要的是，教芋部合作的農人林清金也與我們有足夠的信任關係，農人除了清楚明白我們會如何進行農產行銷，也知道販售利潤成為地方教育基金的機制，作為從小幫忙家裡務農、無法升學唸書的老農夫，因為信任還有願意投入公共事務，很願意配合教芋部的銷售狀況進行芋頭田間採摘、配送。

在銷售端，我們與社區支持型農業的客群，也是透過好幾年友善農產銷售與地方公益推廣，建立起社會影響力進而產生足夠的信任感，才能及時面對各種需求或可能的產銷風險，並在友善對話基礎上去溝通各種可能。

以社區之力，突破過往「教育」的邊界和侷限

「傾全村之力來撫育一位孩子」(It takes a village to raise a child)，這句來自非洲的俗諺，深刻啟發設計教芋部的我們。一方面，這句話提醒了我們，提供教育的基本單位，不應該只是家庭，畢竟這在單親或是隔代教養的情境裡，如此責任過於沉重，也不應該只是學校，因為教育現場已經如戰場，老師常常忙到焦頭爛額；另一方面來說，也是提醒農鄉村落中有一項城市所沒有的優勢——綿密的社區人際網絡，讓傾全村之力，提供一位孩子自由發展、大膽想像的成長空間是有可能的。畢竟，數十年前，曾經的情況是，村里間如果有一位孩子生病，全村里都會知道，互相幫忙照顧；曾經媽祖廟或土地公廟，都有支持孩子教育深造的

獎學金系統。只是隨著農鄉人口外移、產業凋零之後，過去這種有錢出錢、有力出力的地方支持系統逐漸消解。

所有受惠於村里的孩子，長大後，將會記得苑裡的村里、腳下的土地曾經支持過他。此外，也唯有結合在地知識、社區服務的新型態教育體系，我們苑裡的孩子、鄰近鄉鎮的孩子，才不會只有全國統一教材可作為學習文本——也許青少年最後能成為「為都市服務的優良勞動力」，但如果失去與家鄉和土地的連結，就

上｜圖6.9
消費者購買教芋部的芋圓與家中孩子手作芋圓甜湯，送至掀冊店與大家分享。

下｜圖6.10
當初來教芋部上課的高中生：周宗霖，結束考試後成為協助地方長輩進行數位學習的小幫手。

難以成為「貢獻家鄉的優秀人才」。所以一個好的學習場域，不要只是重新複製升學體制中的壓迫，而是建立「連結」。

簡言之，在地學生因為只在兩個端點「學校」和「家」之間移動，不然就需要埋首於課本課業壓力之中，除了是地方知識上的缺乏、對地方的不認識，另外一個更大的問題是缺乏「真實的在地關係」。以前可能還可以到街上的柑仔店買東西，或需要幫忙家裡的農事，但是現在孩子常常被說好好唸書就好，在便利商店採買所需，離地越來越遠。但是藉由「苑裡教芋部」所創造的家和學校以外的第三場所，深化了他們與家鄉的關係。

另一方面，在教芋部的教育志工、高中生口中喊的「老師」，多數也都是苑裡人、或是喜歡苑裡的人們，過去沒有機會去貢獻他們所長。他們的參與不僅幫助大家考好試，更多的是修補離鄉之後與家鄉的關係。無法居住於苑裡，但還是能夠透過空閒時段，協助家鄉事務。

苑裡教芋部於是乎不只關乎教育，其實是一種地方關係人口的重建、地緣社會連帶的修復；是對於家鄉苑裡的關心提升、更參與地方的公共行動；也是讓關係人口、定居人口，參與地方公共領域的重建。

活動的相遇與關係性的空間，營造更多野生的可能

看似激烈的反瘋車社會運動，與獨立書店裡的教芋部，表面上處理不同的議題，但是實質上卻是相近的——遇到地方問題，人們聚集於一處，透過關係網絡的串接，撐出人與人共創、陪伴以及參與公共的空間。而人們參與地方公共事務的動機並不是循著正規理性的規劃進程發生，而是從常民生活發展出來的，因此

具有野性、韌性與開放性；也因著地方在不同時期面對不同公共議題，像是打游擊戰一樣，在過往已建立鏈結的社群網絡基礎上，能夠即時集結，並在信任關係的前提上，開展討論，一起找解決問題的方法，共生共存。

城鄉失衡和疫情衝擊之下，很多斷裂相繼發生。人與人之間的、生活空間之間的、過去與未來之間的斷裂，造成地方社群更加薄弱，進而讓人們傾向短視近利、自掃門前雪的決定，減少公共交流和行動。

經營掀冊店的掀海風團隊作為地方的組織工作者角色，除了透過書店空間來創造人與人的相遇，也穿針引線組織關係網絡，並且透過社會設計的機制重新建構具有公共性的網絡關係，讓每個人參與公共的能動性有機會發揮，參與者在其中有不同的行動，有時是重新思索各自的資源投入、空間運用的策略，有時，就是單純的陪伴、聊天，來面對共同的挑戰、交換彼此所擁有的，並進而達成每個人更好的願景。

如何在其他地方長出像是反瘋車、教芋部這樣的野生空間，需要地方的人們主動發起一場小小的活動，走出來，撐開一張傘、拉一張椅子坐下，集結一處，從開始聊聊天、認識彼此開始，人們接力行動，為空間創造新的意義、為地方開展新的可能。

苑裡教芋部：農夫篇

當苑裡教芋部長，
遇上教芋部次長

7

淺居深活：從顧店換宿開始的台東長濱書粥

高耀威——圖、文

高耀威——在長濱經營書店「書粥」，經營淺居空間「長所」及「麵包宿」，成立一人出版社「書粥工作室」，發行的第一本書為《疫情釀的酒》。曾在台南組「正興幫」，創辦街刊《正興聞》。著有《不正常人生超展開》，《聯合報》「青春名人堂」與《地味手帖》「大笨蛋生活法則」專欄。目前持續投入閒置空間活化，打造宜居環境。

圖 7.1
村子裡，街上的孩子們是店裡的常客，也是副店長。

教戰守則

- 換宿工作的規劃，需要單純，避免複雜的SOP及行政程序。
- 採取開放自由的心態，不要求精確，容許難免的錯誤。
- 空間保持一個主人，店長在時，我盡量不要去「篡位」，讓店長做主。
- 照顧鄰居，日後他們可能會成為店的衛星。（但不以這個期待當作照顧的目的）
- 開一間快樂的店，若自己感到不快樂，就要去調整看哪裡有問題。

來自高雄岡山，自家於傳統市場內開棉被店的海派大姐，一邊擦汗一邊說：「我今天已經在三個地方洗過澡了！」長濱夏日太熱，我帶著剛才施工改造老房子所累積的一身臭汗，悻悻然回她：「那這邊已經是妳的地盤了，可以在三個不同的地方洗澡。」這三個地方分別是我在長濱村內開的書店「書粥」，村子邊上租的合宿平房「長所」，以及竹湖山上一位獨居的阿嬤家。

認識這位大姐是因為書粥（由於平時我們已有另一位朋友為「大姐」，所以之後便以「二姐」稱呼這位岡山大姐。）記得當時她與朋友來參加書店的新書分享會，一位自稱副店長的長濱孩子也在。這孩子經常到書店來找我，我們算是合得來，他到書店主要是希望我陪他，由於家庭因素，才小學四年級就已提早社會化，能察言觀色見機行事，有時候會幫我顧店，也會試圖模仿我，吵著要我幫他在身上偽刺青，他佔用我的電腦上網找圖，要我拿麥克筆畫在他的手臂上，基本上都畫得很醜，但我再怎麼覺得滑稽，他都很喜歡，回家捨不得洗掉，流汗淡化後，就再來找我補上色。

二姐在我臉書上看過我描述這孩子，孩子那天以副店長的姿態，毛遂自薦說活動結束後要帶二姐她們去玩，親人個性能很快找到玩伴，亦是他的強項。聽說那晚吃了大餐，就認二姐做乾媽，隔天下課二姐便成為他的司機，接他放學。孩子後來加入棒球隊，到嘉義比賽時，二姐帶著家人去加油，買麥當勞給全隊打氣，教練要孩子們跟二姐道謝，全隊一起大喊：「謝謝乾媽！」，日後二姐再到長濱，走在路上遇到棒球隊的孩子，也會被喚聲「乾媽～」，前陣子，武漢肺炎疫情從三級降為二級，我騎著野狼在路上，經過瞥見二姐從路旁的汽車下車，原來她又千里迢迢回到長濱，甚至不用與我告之，無須託我訂房張羅種種，這裡她有乾兒子、有山上獨居少女或獨居阿嬤家可以回，還有一間書店可以洗澡，有許多地方可以回去。

書店就是你家

讓書店作為基地般的存在，是我本來就很樂意的事，開書粥之前我曾在台南正興街開過服飾店，當時主要是以我為中心展開社群連結。一切擾動的起始點，通常是由我來發起，再藉著街區同質的店與店串聯，形成活絡的人際網絡，鋪散到整條街，形成一氣。由於同質店家幾乎都是老闆自己顧店，店所展現的風格就是老闆的性格，給人一種親切感，街道彷彿客廳一般，每間店像是一個房間，客人來到街區，就像來到某戶三合院的大家庭，房間裡有不同的家人與你互動，我有時候突然有事外出，櫃台貼上「老闆等等就回來」的紙條，客人們也見怪不怪，要不就靜靜等待，要不就把購買商品的費用放在櫃台，寫了紙條告訴我買了什麼，偶爾若被隔壁阿嬤發現我跑出去了，還會主動坐上我的櫃台幫忙看店，「像回家一樣的感覺」這種開店氣氛，便是在街區開店十年慢慢養成的。

後來隨心之所向來到台東長濱，順著慣性想在街區開一間店，藉以生活在其中，於是提取出腦中徘徊已久的畫面：一間小小的書店，記得多年前夢到時，醒來竟然意外清楚記得（很少做夢，做了夢通常醒來就忘。），還認真思考如何維運，打算賣書兼賣粥，私下在筆記本裡寫下「小書為營，販售維生。」的概念，店名「書粥」就是這樣來的，「粥」也隱含了街區生活與眾人混在一起黏呼呼稠稠的感覺。

由於當時我仍在台南開店，再加上零星工作需要四處移動，每月游牧四方，為了讓書店維持always open，順勢推出「顧店換宿」服務，我自己顧店半個月，另外半個月則開放讓有心想「擔任書店店長」或「體驗偏鄉生活」的人來申請報名。

前三個月我先預排了幾位熟悉的朋友，當作換宿模式的適用觀察期，自己朋友若遇到任何狀況，也能代為承擔並讓我日後有調整的彈性，記得其中一位台南朋友，到台南的店裡找我聊天，那時的她正好對長久奮戰的職場感到倦怠，得知我有這個偏鄉書店換宿模式後，當下立刻向我預約，毫不猶豫地向公司請了七天長假。當初設想換宿者至少要七天，以店長的身分像居民般住進店裡，待上一週或許才能開始產生生活浸潤感，從陌生徬徨，到懂得自處，再開始習慣以空間主人的姿態送往迎來。

顧店換宿的店長們

台南到長濱距離約三百公里，我每月開車往返，單程通常五個半小時，是一趟遙遠的旅程，記得到了這位台南朋友報到的那天，她風塵僕僕抵達，迎接她的並不是我，而是我在正興街的鄰居，是一位咖啡店的店長排了特休來換宿轉換心情。兩位從台南來的人，在長濱交接一間書店的職務，分享書店生活眉眉角角，再透過臉書訊息向我回報，這樣有機自然的彼此信任，讓我感覺到一間小店的無限可能。咖啡手店長顧店期間，推出買書送手沖咖啡的活動，原本是工作的內容，來到書店變成分享個人之所長。接班的店長則推出「買書送似顏繪」的活動，她在台南的職業是百貨公司的行銷經理，畫畫並不是她謀生的技藝，在海濱小村子裡的小書店分享畫畫，單純帶給他人歡笑，這

圖7.2　拖鞋入內是某任店長發起的規矩，後來大家就一直沿用到現在，一方面保持地板清潔，一方面夏天還可以降溫涼爽。

個技藝的價值有了全新的標準。住在書店隔壁的阿嬤也來被畫，喜孜孜地把圖拿給我看，這是她人生第一次被畫，而且是被她隔壁的七日鄰居畫的。

「顧店換宿」受到朋友們的肯定，房東與鄰居也都能接受，一下子從網路傳開來，申請報名的人不只來自台灣各地，香港、新加坡、馬來西亞，甚至遠到從荷蘭透過台灣的親戚表達意願，公布沒幾天便排滿一整年，想要轉換生活軌道的人，比想像中的還多，許多朋友推測是已退休人士居多，就我看來，除了退休者之外，還有剛畢業的職場新鮮人、升學前的徬徨少年、想好好獨處的家庭主婦、轉職期的徬徨中年、游牧工作者，甚至也有熱愛閱讀，能獨處生活的國中少女（經父母同意）。

這些人並不是透過我面試才得以前來，只要傳訊息到書店的臉書粉絲頁或寄 email 跟我報名，時間喬好就可以來，任何人沒有任何條件，皆可擔任店長，交接不必在我，也不一定要與前任店長交接。我會在前幾天傳一份「書粥顧店換宿須知」，裡面有說明顧店的基本流程與生活的提要，細瑣的七十三條說明，讓店長有個依循的參考，但最開頭我是這樣寫的「以下是一些我的習慣，提供參考，但到了書店，你就是自己的主人，若有不符合自己的習慣之處，可依照自己的方式，總之，就是照顧好自己，遇到問題盡量試著自己想辦法，好好生活，好好活下去，放輕鬆。」畢竟我不在其中，不是來當我的小幫手，而是暫時成為這間書店的主人，獨自生活自己做主。

住在書店過生活

有一次，我在台南接到電話，當時正在書店的店長緊急向我聯絡求助，店裡簡易廚房的設備出問題，她吃素且不吃外食，料理到一半，無法繼續，午後即將要開店了。她第一時間想到我，請我幫忙聯絡某位住在附近的常客大哥，可否借用電池爐救援，其實我打個電話很快就可以幫上忙，但還是把心一橫，建議她先自己想辦法，電話的另一頭，或許感覺到被我潑了冷水，默默地自己面對。後來聽說她直接去跟住在書店後面的房東借，這我倒是沒想到，卻是更近更好的方法。

再舉個例子，書店一直都只有一把鑰匙交接，我沒有打備用鑰匙，許多朋友都要我多準備一把，但我就是一直提不起勁做這件事，似乎內心暗自希望能與來自四方的店長們，共同守護唯一的一把鑰匙，一起面對這獨一無二的傳承，當然這種浪漫情懷的另一面，就是無可預知的風險。正巧被某位店長遇到，她把鑰匙放在書店內，人出門去了，但這次我卻沒有接到緊急電話，而是事後才得知。原來店長告知隔壁阿嬤她進不了門，阿嬤指引她從自已房間的後門，翻牆進入書店，這位店長並不是個年輕人，是個溫文儒雅的書生型大姐，事後她帶著孩子般的興奮語氣跟我回顧這件事，果然她「遇到問題盡量試著自己想辦法」，這個辦法需要鄰居的信任，以及自己的勇氣，我想，這就是生活在其中才會出現的覺悟。

還有另一次，店長選擇聯絡消防局，破門而入，然後再找人修繕復原，我不在的時候，住在書店裡的店長們，就是這樣，與這個村子產生連結，生活不只是歡迎光臨，還有面對窘境時，如何讓生活繼續下去的謀生方法。印象中，鑰匙事件就這三次，而我至今也還沒有另外準備另一把備用鑰匙，繼續傳承這珍貴的唯一。

書店另外一個傳承的事是「寫日記」，新到

圖7.3
隔壁鄰居是在八仙洞擺攤的阿嬤，每天都會到書店坐坐，談得來的店長離開後還會寫信給她。

任店長可以透過前人的日記，去了解之前所發生的各種生活事件，日記除了抒發顧店心情，亦是經驗的遞延，「原來這位就是傳說中的湯叔~（怕書店撐不過一年，持續買書支持，一年來買了超過四百本書）」、「這孩子就是副店長啊」、「送瓦斯的生態復育專家池大哥來了！（開幕沒多久，送蘭花盆景來，只要凋謝就再送新的來換）」，幾位固定班底經常出現在前任的店長日記中，人未出現早已聞其人，這些鄰居們與店長們，就像久違的朋友，朋友之間自然會互相照顧，有時候店長出現在附近的小吃店，還會被隆重的介紹「啊~這位就是書粥的

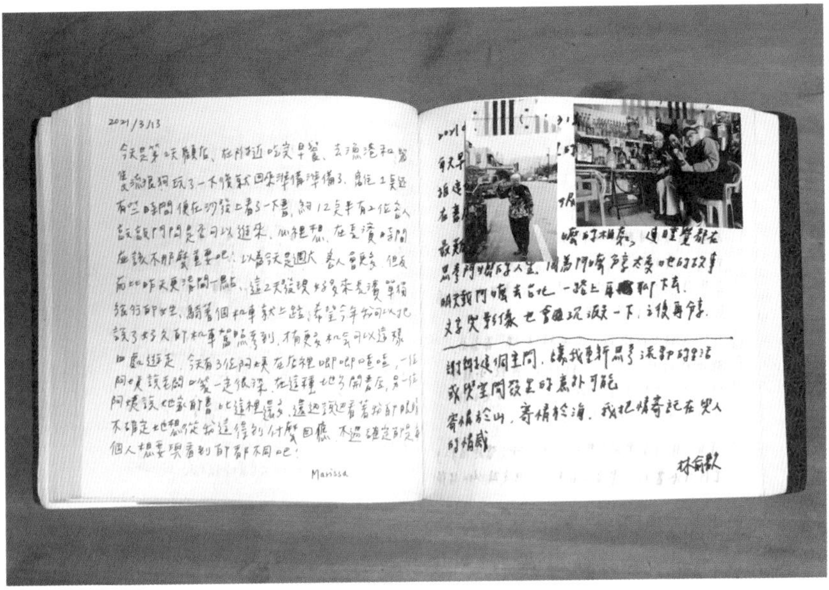

上｜圖7.4
書粥店長駐店時，依照個人意願接力寫的日記。

下｜圖7.5
有時候，店長們會相約鄰居們來書店吃飯喝酒，書與食物都是民生用品。

新店長」，有時候下班被載回家吃飯也是常有的事。

某天有一位提前一年預約過年期間來顧店的媽媽，打算帶著她的孩子來換宿，我在訊息裡擔心的提醒，除夕那天，街上的小吃店大多休息，可能飲食方面會是個問題，通常我會事先幫忙預定年菜，剛巧那年都被訂完了，後來這位媽媽回覆我，選擇過年隱居偏鄉，就是想避開那些年節習俗、熱鬧寒暄及鍋碗瓢盆，帶著「吃7-11也很好」的自由放鬆心情而來。看來我多慮了，這裡有她們母子更需要的東西，後來聽說，7-11沒有順利吃到，又被鄰居帶回家吃飯了，這個過年，以客人的身分在異鄉生活，想必亦是另一番滋味。

從換宿游牧到淺居深活

三年多來，來書店顧店換宿的店長超過一百五十人，短則七日，長則達一個月（第一年最長可申請一個月，第二年後改成最長二十天，因為我每個月都必須要顧店，才能維持店的基本平衡），年紀最小的是國中生，最高齡者是七十六歲的機車環島女士，書店穩定度過第一年後，隔年初再開放申請，幾天內就排滿了整整兩年，少數取消的狀況，除了疫情無法前來的外國人，本國取消原因，常常是事隔許久，轉換到工作狀態後無法有七天的假期，還有一次，一位媽媽傳訊息靦腆地跟我說：「我懷孕了～預產期恰巧會遇到申請的換宿時段，只好取消」，後來我去台北演講時，媽媽挺著大肚子來聽講，會後與我閒聊時指著肚子說，是真的喔，沒有騙你。之後等孩子將近一歲比較穩定的階段時，又再帶著孩子與瓶瓶罐罐來顧店。

以前的社會教我們一生追求生活的安穩，成家立業，買車買房，終其一生賺錢養家償付貸款，如今這樣僵固的生活模式，已經無法滿足靈魂探求自由的渴望，社會裡除了出走旅行之外，暫時轉換另外一種生活的選項尚未多元，正巧書店的顧店換宿，迎合了這股需求。有一次一位店長從遠處怯生生的到來，剛開始我感覺他很緊繃，當時稍微知道他是帶著挫折來休養身心，交接完後，我啟程他方，過了半個多月，又輪到我顧店的某天，我坐在櫃台望向書店落地窗外發呆，他竟騎著不知哪來的腳踏車呼嘯而過，見我顧店又繞回來跟我打招呼，他滿滿笑意的神情，與初來乍到時的落寞，判若兩人。原來他卸任店長後一直沒有離去，仍待在長濱住在民宿，顧店期間結交的地方朋友變成他落地短住的生活網絡，我發覺，這樣並非帶有生存目的的生活，反而更能滋養靈魂，後來我為這種生活型態取一個詞，叫「淺居」，淺居者帶個客觀且輕盈的步伐探索地方，經常又更能「深活」在其中。

最近我開始順著這個觀察與社會趨勢，利用書店兩年多來的盈餘（書店沒有人事成本，包括我自己也沒有從中得到收入。）投入各種空間的延伸改造，其中一個是我自己的住所，是一棟長長的平房，取名為「長所」，約兩個朋友一起分租，一位是書粥之前的店長，一位是台南朋友。最近這位書粥的前店長，在此找到短期家務工作，每次前來就工作幾天，正好補足偏鄉短期勞務工作找人不易的缺口，如今來到這，已經從旅遊、換宿，然後轉變成淺居，有自己的地方人脈與秘密基地，回到長濱像回家的感覺，有時每月來兩三次，經常在廚房張羅晚餐，邀請朋友回家吃飯，有在地人與外地人透過她圍成一桌聚餐，她透過淺居的窩，成為大家的橋樑。

接著遇到另一個空間，一對移居長濱近二

圖7.6　改造一棟約50年的老平房，目前成為淺居的基地，取名叫「麵包宿」，因為房子前有兩棵80年的麵包樹。

十年的夫婦找我一起去看他們的老房子，探問我有沒有意願合作活化，那時正好我心裡有創造接納短居者空間的念頭，向他們提議共同投入修繕，再把房子租給我，我們很快便達成協議。

老平房約三十坪，有三間小小的房間，以及八十坪的寬闊前院，前院的野生草地左右有兩棵約八十年的巨大麵包樹，因此我把房子取名為「麵包宿」，大自然的空間場域與仿間的出租套房不同，適合短期寫作或創作型態的人居住，我把兩間房間設定為一到三個月的短租客房作為短居房間。另有一間房成為一位繪本作家朋友的房間，當時她正在思考如何在長濱擁有一處創作小屋，能讓自己固定前來居住，買地找屋都不是容易的事，建造修繕又得花費太多心神，某次聊天聽到我將老屋改造為淺居住所的想法，立刻表示願意加入，認養其中一間房間，委託我量身打造她的創作房間，也願意於她不在時讓出空間作為開放式的閱讀室，雙方一拍即合，各取所需。

「麵包宿」開始運作後，初來乍到的投宿者，並不是我原本設想的需要移地創作的藝術家。第一位是經常前往各種原住民部落擔任志工的女子，後來朋友建議何不找個鄰近部落的地方暫時住下來，某天在廣播節目中聽到我談及「淺居」，於是便寫訊息來詢問，對我來說是像天使般的探路者，她決定先住一個月看看，一邊住一邊仍到處擔任志工，同時找工作，由於當初設定麵包宿提供的中短期淺居，並不以「透過空間賺取收入」的民宿經營概念思考，而是藉著「分攤房租」降低我經營空間的資金投入，同時讓有需要的人以低負擔的房租入住，能讓人進退有餘，這位朋友居住麵包宿期間，因為房舍臨馬路，汽車聲音影響她的睡眠，不過同時她也找到工作，後來決定另覓他處落腳，麵包宿成為她轉換空間的一個短暫體驗，我則偶爾擔任仲介般的腳色，介紹給她村內經營出租套房的鄰居們。

第二位進駐者，是因為家中突然面臨巨大變故，急需要一處臨時的居所，也藉著這個人生轉場，索性想要轉移陣地嘗試開拓第二人生，於是千里迢迢的載滿一車家當，搬到長濱來居住，記得剛下車時拿下來的隨身物，竟然是菜刀跟蒜頭，或許那是她前段人生裡淬鍊出來的「重要物件」。這兩位投宿的先鋒者，提醒了我，有淺居需求的人，不見得只有創作需求，也有許多想從長年累月的既定生活中脫軌的人，書粥的七日換宿店長是一扇窗，讓我遇見這些人，接著活化閒置空間打造成更適合長居住型態的淺居模式，正是要為這些人創造一處能暫時安居的場所。

除此之外，書店也協助附近山上的咖啡館「小白屋」，把倉庫改造成換宿房間，導入換宿模式，供人入山體驗山中咖啡小屋的生活，主人秀蘭本身就是一位異於常人的空間開放者，經常接待旅人住進她家裡，還會主動把遊走在山裡或台11線公路上的人撿回家，推出「以吃換宿」的模式，張開雙手歡迎別人來住她家，她的三個孩子住在山裡卻能認識來自四方的各種各樣的人，就是媽媽這種好客大方的個性所帶來的副作用。藉著這些空間與人之間的串連，身邊越來越多人，從蜻蜓點水式的旅行模式，進入到短中期的居遊，甚至移居落地。淺居者藉著短期生活體驗，能有時間沉澱，尋找與地方的共鳴，這段時間就成為一段彼此的適應期，閒置空間、廢棄老屋，或具有開放條件的營業空間，便成為重要的銜接所在。不買地不買房的淺居生活，怡然自得。

更多居住在這裡的人

前陣子我去了澎湖，在地的書店老闆帶我去吃小吃，裡頭坐著一位年約五十的先生，書店老闆與他親切的問候寒暄，我以為這位先生是澎湖在地人，原來是經常來短居的人，這次打算住個半年，書店老闆跟我說他是「喜歡待在澎湖的人」，我很喜歡這個說法。我一直是一個移居者，從北部移居台南，或從台南兩地游牧於長濱時，常常都會被問到我是不是在地人，澎湖書店老闆的說法，給了我一個舒適的位置，我是個「喜歡生活在長濱」的人。生活在長濱的人，消費的型態與節奏感與遊客不同，一位住在麵包宿的淺居者跟我說，他平時最常去的地方就是雜貨店、小吃部及五金行。疫情三級期間，街上的消費因為觀光客銳減而幾乎停頓，一位在街上經營咖啡館的大哥在麵店門口等待外帶時跟我說：「我們需要更多居住在這裡的人」。

淺居者帶著不同生命的歷練選擇短暫遷居他方的理由太多，前陣子住進麵包宿的兩位舞者，因為疫情導致旅外表演的機會暫停，轉而在台灣駐村沉澱，兩個月的淺居時光，他們每日選擇不同的路線跑步，藉著跑步沿途打招呼，串聯了與鄉親們的關係，有了更進一步的互動與交流，隔年還把舞蹈教學引入附近的幾所學校。一位女士因身體因素，每年夏天必須移居空氣及環境較好的他鄉，以往會選擇出國找便宜的 Air B&B 短住，這兩年改往台東住上幾個月。還有因為房租關係決定關閉工作室的頌缽老師，決定暫離西部都市，申請淺居麵包宿七個月，在此嘗試建立新的生活模式，之後甚至在附近租了自己的房子，簽下五年的約。

這些順著生命指引帶著覺悟而來的淺居者，同時也帶來新的視野與踏著輕鬆的腳步而來，不同於生於斯長於斯的在地人，沒有地方或家族關係的羈絆，能自在地因應美好生活而投入「想做的事」，由內而外，從日常行跡去探索踏查地方的韻味，不急著證明或創造什麼，進退有餘的「生活在其中」，便能自然韻染出在地與遊客之外的另一番地方感。民宿之外、出租套房之外，偏遠而美麗的地方們，準備好迎接這股游牧淺居的力量了嗎？那些僻靜無人的空間，是否有機會成為短棲者生命故事的起源，我一邊投入創造空間與人的連結，一邊深深期盼著。

8

社區繪本：從違建污名到《我家住在蟾蜍山》

龔紋莎、林鼎傑——文

龔紋莎——每次遇到自我介紹就會當機的人。教育養成背景是建築與城市規劃設計，關注城市及鄉村空間發展樣貌及背後的社會議題，所以做大尺度的整體規劃也做小尺度的地方設計，兩者尺度不同，連結的族群對象亦不同，然相互影響又相互補充。一直以來的心願是開個小酒館，希望那天快點到來。

林鼎傑——長期關注環境議題，曾參與哥本哈根氣候會議與《看見台灣》空拍攝影團隊；相信腳踩的土地就是家，二〇一三年發起臺北蟾蜍山聚落保存行動，致力推動社區永續發展。本身也關注人性複雜面向，擔任攝影之《日常對話》獲得二〇一七年柏林影展－泰迪熊獎最佳紀錄片。攝影作品見於ＮＨＫ、美國之音等國內外媒體。

教戰守則

- ○ 一個活著的聚落到底要保存什麼？不只房子，還需要留下有記憶與故事，以及創造記憶的人
- ○ 腳踩的土地就是家。家家有故事，故事有力量。
- ○ 參與！社區的事只能大家一起做！

「你還住在那裡嗎？」

這是台北蟾蜍山居民以前常被問到的一句話。老舊的房舍，加上一度因為眷村改建與校地開發陷入自己家園隨時可能被拆除的危機，使得過往大家似乎只要有點能力，都想方設法搬離這個山城聚落，企圖擺脫貧窮與違建的污名。「住在這裡有什麼好？」常是聊天中就會聽到的話語，住在自己有著濃厚情感的地方，彷彿變成一件不光彩的事。

百年歷史的自營生態聚落

從車水馬龍的公館圓環轉進羅斯福路四段一一九巷，城市的喧囂瞬間安靜了下來，映入眼簾的是座落在台北環山與新店溪之間的山城聚落。不到兩公頃的小地方，見證了台北盆地兩百多年的發展史，有機遍佈的房舍，更是一百多戶居民安身立命的家。

蟾蜍山自古至今的發展機遇，與地理條件

有著直接的關係。當地的隘口地形是早期進出台北盆地南緣的交通與防守要道，繳交佃租的館舍於清乾隆年間在蟾蜍山山麓成立，為「公館」地名的由來。瑠公圳在十八世紀中葉闢建，流經山腳下，提供盆地農耕重要水源。日治時期，此區域命名為「富田町」，為台灣農業現代化的重要基地，包含蓬萊米等重要作物皆在蟾蜍山山腳下育種研發，日式辦公廳舍與員工宿舍於周邊興建。國民政府來台後，空軍作戰司令部在美軍援助下在此處設立，眷村「克難村」隨之興建（後改名為煥民新村）。未分配到眷村之大批軍眷則在軍方授意下，在山坡上自力造屋，形成列管眷村與非列管眷村共生之特殊型態。

一九六〇年代開始，因租金低廉，蟾蜍山陸續吸引大批城鄉移民前來落腳，包含閩南、客家、原住民、中南部學子及印度留學生，使蟾蜍山成為多元族群共生的有機聚落。這裡特殊的地景與鄰近市區的特性，成為《尼羅河女兒》等多部台灣新電影的重要場景，包含張菲、費玉清、鄭在東、王晶文、張萬康等藝文工作者皆曾在此居住。由於軍事管制，山上至今保留了諸如山羌、鼬獾、白鼻心、穿山甲、台灣藍鵲、鳳頭蒼鷹等珍貴的保育類動物，以及超過二百多種的蘭花、蕨類、喬木、灌木等植物，種類豐富，是台北極為重要的生態棲地。

時代的夾縫中長出來的家

這樣一處人與自然共生的「自營生態聚落」，因蟾蜍山週邊早年的軍事管制，意外的被保留下來，也讓台北得以留存一座可以一窺百年城市發展的時代切片，見證族群的多元性與生態的豐富性。古蹟建築學者李乾朗曾說「蟾蜍山的地理位置為台北來龍與去脈之一，說不定是我們台北市故事最豐富的一個點！」從歷史傳承及都市保存的角度來說，蟾蜍山聚落可以成為傳承台北歷史的活教室，但這座本該熠熠生輝的百年山城，曾經因為違建污名黯淡無光甚至面臨拆遷危機。

一九四九年國民政府來到台灣，兵荒馬亂之際舉凡可用之地就拿來搭建臨時住所，讓因為戰亂四處遷徙的一百多萬軍眷，有個遮風避雨的地方。在困苦克難環境中的人們互相扶持與幫助，形成了一個個社區關係緊密綿延的村子。但當年眷村的數量遠遠不及軍眷的居住需求，根據統計，只有不到兩成的軍眷有分配到眷村。另外為了因應台北城市的快速發展，大批中南部的勞動人口湧入台北，導致住房極端不足。根據統計，一九六〇年代台北市有高達三成的人口住在所謂的「違建」裡，而政府為了避免社會動盪，也為這些房舍提供水電、門牌，以確保大批軍眷與勞動人口不至於流離失所，宛如變形的社會住宅。

這些鄰里關係緊密的社區在爾後大鳴大放的城市發展中逐漸消失，少部分則逃過了時代的巨輪留在原地，卻成了公部門急欲拆除、開發的「窳陋地區」。村子裡的人們能力夠的就往外自覓住所，而倚賴原來社會網絡生活或經濟狀況較無法負擔的住民，就在不確定中繼續住下來，過一天算一天。經濟起飛的年代，這樣情景普遍存在於各大城市的角落，蟾蜍山也是如此。

透過參與重新認識自身所在價值的聚落保存運動

一九九六年「國軍老舊眷村改建條例」通過」，台灣近九百個眷村隨之快速消失，二〇一〇年蟾蜍山的「煥民新村」住戶搬遷至萬隆軍宅，接踵而來的是二〇一三年閒置煥民新村的拆除危機，以及台科大因校地發展，針對煥民周邊住戶的拆屋還地訴訟。要搬去哪裡的措手不及與對於家的深厚情感，成了社區起身面對危機，保護家園的引信。當地的紀錄片工作者林鼎傑（作者之一）於二〇一三年，串連台大城鄉所師生及關注城市文化保存的藝文界人士，透過空間測繪、口述歷史及地區策展等公民行動，終於逐漸讓蟾蜍山豐厚的人文歷史呈現在大眾面前。在社區與各方人士的努力聲援下，蟾蜍山於二〇一四年被指定為市定文化景觀，並於二〇一六年公告，至此成為台北市面積最大的文化資產保存區之一，區內含兩棟古蹟、八棟歷史建築、十餘棵老樹，而「煥民新村」則成為目前台

圖8.1　聚落是百年山居歲月的歷史現場，《我家住在蟾蜍山》是居民珍貴的生活記憶。

北唯一完整保留的空軍眷村。

保存運動第一年最初始的行動「煥民新村空間故事展」及「蟾蜍行動，鄰里起『哄』藝術節」，就是一個再發現的開始。二〇一三年台科大對部分居民提告，國防部即將拆除煥民新村交予台科大進行校地開發，社區與前來關心的年輕人們希望在拆除前留下空間紀錄，自發進行煥民新村的測繪，並透過展覽與居民進行互動。測繪成果呈現了山城特殊的建築形式，也讓過往生活空間的輪廓變得鮮明立體，居民看展有感，說了很多精彩的生活故事。

「蟾蜍行動，鄰里起『哄』」則是聚落第一次舉辦的藝術節。在侯孝賢導演、王耿瑜等《尼羅河女兒》劇組以及國家電影中心的支持下，在一週的時間裡，社區第一次進行導覽，介紹蟾蜍山給更多朋友認識，也第一次進行限時現地的拍攝及《尼羅河女兒》電影放映等公開行動，透過影像引動大家記憶的共感。藝術節中亦播放了馮忠恬導演的紀錄影片《今天友沒友？》，敘述蟾蜍山原住戶在搬離後，還是每天持續不間斷的回到社區，與從前鄰居閒話家常，藉此呈現人際網絡及熟悉的生活區域對於老住戶們心理支持的重要。廣場上的「一家一菜」也讓社區情感交流的熱度與需求再度體現。

「這些都是自己做的家常菜，來來來，多吃點～」很久沒有看到這麼多老鄰居與新朋友的媽媽們叫著大家吃菜的招呼聲不絕於耳；幾個坐在鐵椅上乘涼的叔伯們看著後面的山頭，與現場的大小朋友們開始聊起了以前墾坡蓋房子的甘苦；葉媽推著葉伯在一旁看著大家，直說「好久沒有這樣大家一起聚聚了，大家都回來了，真好～」；陳媽也在旁邊搭腔「以前啊，這裡可是住著很多人……」。

從前在汀州路買麵包看電影的約會過程、

昨兒夜裡看見帶著小寶寶的白鼻心媽媽從電線上閃溜經過、早上去對面山上採艾草回來做了拿手的草仔粿等，蟾蜍山獨有的生活片段，就像是一千零一夜般，在打開的話匣子中源源不絕的流瀉而出。晚一點的夜裡廣場開始播放由關心保存的朋友們拍攝的影片，大家看到大螢幕裡出現自己與左鄰右舍的畫面，有些爺爺奶奶們突然害羞起來，有些則互相打趣「哎呀，你很上相誒，螢幕上看起來很漂亮～～」社區的塗阿姨則是看著大螢幕裡出現在巷子口的紅磚牆及蒜香藤與九重葛，很感動的說：「你看，我們住的地方是不是好美！」

爾後近十年間在聚落裡進行的大小活動，大抵就是這樣不斷透過社會參與藝術（socially engaged art）與閒置空間活化，再現與山共生的生活樣態，並從中討論這樣一個有別於市中心高樓大廈的百年聚落有哪些珍貴之處，以及聚落在台北未來的城市發展中可以扮演什麼樣的角色。不管是打造兼具都市農園、雨水回收再利用及社區可以一起休憩活動的瓜棚、透過美麗剪紙作品呈現家戶故事的家徽燈、表現蟾蜍山多元族群共融及餐桌美食的食譜月曆、以及與大眾及週邊學校的師生一起走讀聚落，認識文化資產與生態環境等等，均在選擇合適的媒介，讓社區、學校及關心蟾蜍山發展議題的朋友們，透過公私協力，看見聚落更多質樸而豐厚的內涵。居民也在歷次參與中建立了對於聚落的光榮感及認同感。

過程中，包含里長對保存煥民歷史記憶及蟾蜍山文化景觀的努力、聚落的中生代成立社區發展協會，開始更有系統的推動社區照顧等，都可以看見社區主體性的建立。二〇一七年社區甚而透過臺北市政府的公民參與示範點計畫，主動提出水土保持問題並透過集體踏查，

圖8.2　社區一起說故事，重新回味屬於蟾蜍山人的往日時光。

列出問題點與公部門討論，進而促進了臺北市政府進行系統性的水保整治工程，維護衛生環境必要的污水下水道系統也開始建置。至此，蟾蜍山聚落的安全與衛生基礎設施終於獲得基本的確保。

不只房子，要保存的是記憶與故事，以及創造記憶的人

聚落空間及建築在經過社區及外界長期的努力後，多數看似都有機會保留下來了，但創造記憶與故事的人呢？

當年來到這裡落地生根的第一代，時至今日都已是年過七十的爺爺奶奶。他們的小孩因為唸書或工作白天大都不在社區，之前聚落也沒有室內公共空間可舉辦活動，長輩們白天多數一人在家，需要更多的陪伴及生活的刺激。而平常在社區裡與長輩們的互動也讓我們發現

這些擁有珍貴歷史記憶、和藹親切的爺奶們其實就是最棒的說故事的人。為了創造更多人與人之間的連結，也期待透過「自己的故事自己說」的方式，讓大家在日常生活中即能參與聚落保存，並以自己的家園為榮，在榮民榮眷基金會的支持下，社區一起參與了蟾蜍山長達一年的繪本計畫。就在歷經六場集體的故事工作坊、十二堂繪畫創作課、二場說故事培訓，以及無數次的場景重現與練習後，蟾蜍山在二〇二〇年完成了屬於自己的第一本繪本《我家住在蟾蜍山》。

整個繪本計畫以「共做」為主軸，分為「繪本製作」與「爺奶說書」兩個部分。在「繪本製作」的階段，為了讓大家的故事都可以盡量在繪本裡被表達，繪本故事的收集及整理特別邀請了宜蘭城鄉潮間帶的陳育貞老師，透過工作坊來帶領大家一起進行集體口述，同時討論哪些故事最能夠代表及介紹自己的家。工作坊亦邀請煥民新村原住戶回到社區，在剛整修完成的「蟾蜍山大客廳」，與現住戶一起說故事（該空間為當年預計拆除的煥民新村，後經臺北市文化局修復，為聚落百年來第一個室內公共空間）。

在育貞老師的引導下，大伙天南地北地聊。從在聚落前方瑠公圳旁的水岸洗衣、玩水，及在蠶業改良場撿拾蠶寶寶的日常生活開始，說回自己家屋從原來三坪半的大小到後來增建的過程，再到小孩子們在這裡出生長大，到滿山遍野的玩耍及進出後山的防空洞探險等等，大家彷彿乘坐時光機回到了一九五〇—六〇年代，那段克難卻又守望相助的時代。說故事的過程，不乏「我家也是」、「我家也有」的相互搭話。比方提起小房子裡沒有廚房沒有廁所的時候，大家就不約而同的描述起家家戶戶大床下都要準備的夜壺，或者半夜必須提心吊膽衝去公廁的經驗。

除了「也是」與「也有」外，另一個在工作坊常聽到的就是「我怎麼不知道？！」故事工作坊邀請了跨越不同世代的社區居民，兩代之間對於空間與時間的描述，一經脫口而出，總是發現很多的不同，也因此產生了很多趣味。比方常見老媽媽們聽到自己的孩子在哪個地方又玩了什麼後，一臉不可置信的問說「我怎麼不知道？！」接著就聽到社區的大哥大姐們以調皮的口吻回覆老媽媽們：「小孩子的秘密怎麼可以讓大人知道！」然後兩方對視莞爾一笑。這些一來一往之間帶出的空間故事，是山居歲月的珍貴點滴，更是一路相互陪伴的最佳見證。

自己的繪本自己畫

除了山城的生活故事外，另一個工作坊的收穫就是發現繪畫也可以成為引動社區記憶的媒介。原來就畫工了得的原農試所居民杜老師，因小時在瑠公圳玩水時巧遇紅蝦印象深刻，透過巧手畫出了記憶中的水岸風光並與參與工作坊的夥伴分享。其他人受到鼓舞，也開始將那些被工作坊引動，源源不絕的記憶場景手繪出來。比方葉媽畫了自己在巷口勾毛線的場景，以及葉伯伯在瑠公圳裡游泳的樣子；米姐畫了從前自家門口的取水點（從前家家戶戶得在平地打水裝桶並抬回山腰上的家中才有水用）；在煥民長大的伍丫頭畫了小時在街上跳格子、颱風天裡順著山上水流嘩啦嘩啦滑小船，以及放學回家後村子裡令人超級期待的露天電影院；杜老師除了瑠公圳之外，也透過手繪分享

圖8.3　杜老師的畫作將瑠公圳畔的童年記憶呈現在大家眼前。

了小時利用椰子樹的葉托在家門前大草坡滑草的開心回憶……。說故事的過程中，透過很多居民的手稿，聚落從前的生活與空間變得超級有畫面，時代場景也鮮明立體了起來。

故事工作坊之後要開始依據初稿進行繪製。蟾蜍山的第一本繪本很幸運的有對社區繪本經驗豐富的鄭喬栩老師來帶領，大家從嘗試不同媒材進行創作練習，進而學習臨摹完成草稿，並加上顏色賦予畫作生命，一筆一畫勾勒出山城的生活場景。即使許多爺爺奶奶們嘴上老喊著「我已經六十年沒拿過畫筆了」，但大家還是每週同一時間在大客廳集合，拿起畫筆完成繪本的每一頁。開始的時候，「這樣畫對不對？」「這顏色好像太深了？」「哎呀我畫太慢了」等言語此起彼落，大家緊張自己畫畫的能力不足、也緊張成品不知道會長什麼樣子。慢慢地練習幾次後，大家開始從容且自信地習慣了畫畫這件事。

除了原來每週固定繪製繪本的時間之外，大家開始不約而同出現在大客廳來畫畫。有時

上｜圖8.4
許多很久沒有拿過畫筆的爺爺奶奶們跟著老師學習畫出自己的家。

下｜圖8.5
每天下午的蟾蜍山大客廳，成了大家相伴創作的地方。

以自己衣服的圖案為底進行創作，有時臨摹自己喜歡的圖案，大家在畫畫中找到樂趣，邊畫邊聊就度過了一個溫馨有趣的下午。畫久了手上工夫越來越了得，對於顏色的掌握及下筆的力道也逐漸有了自己的習慣與特色。客廳畫畫班儼然形成，大家作品的豐富度越來越高。媽媽們常互相打趣：「哎呀，我們就是欠栽培的藝術家啦～如果更早就開始練習，現在就不得了啦～～～」。繪本之外，在客廳一起畫畫的長輩畫的圖多了，開始集結成月曆。每一本都是花了很長的心血與時間，而且是由自己獨立創作完成的作品。常來畫畫的王媽媽拿著自己獨一無二的月曆跟我們說：「我覺得生活變得很有重心，我也好有成就感！」也完成了一本月曆的葉媽媽，特地在年節前還多印了幾本，開開心心分送給自己的姐妹及親友。

故事的力量：用繪本訴說百年山城的故事

可以在社區裡、在日常生活中繼續訴說蟾蜍山的故事，是整個繪本計畫重要的環節。為此，在繪本出版後，我們邀請了擅長戲劇表演與長輩互動的搖滾爺奶巧克力老師，透過遊戲的方式讓長輩熟悉如何透過肢體與互動，將特有趣的山居歲月傳達給聽故事的大小朋友們。由於整個繪本其實都是爺奶們生活的故事，與長大過程難忘的點滴，所以即使是同一本繪本，說故事的方式可說是人人都有自己的特色，每次因為繪本勾起的回憶或近期生活感受的不同，講出來的故事內容也不一樣。每一次的繪本說書，都好聽精彩、也百說不膩。對於繪本逐漸上手的蟾蜍山爺奶們，開始在自己家、蟾蜍山大客廳，甚至是到附近的幼兒園與國中分享蟾蜍山繪本，也逐漸受邀到其他社區分享。或許繪本最重要的任務，除了故事的保存之外，另一個就是長輩的活躍老化（active aging）。這些擁有著珍貴記憶的長輩們透過說書，除了跟下一個世代傳承蟾蜍山的故事，也讓自己的熟年生活增加一些重心，並與聚落保存有了更積極的結合。每每看到社區裡長輩講起從前故事興高采烈與臉上的光彩，心裡也總想著可以這樣聽故事實在太棒了！

從繪本創作到出版再到向外推廣，整個蟾蜍山繪本計畫的主角就是社區居民。大家從接力分享早期生活故事開始，一次次互動確認故事裡澎湃的情景，原先腦海裡模糊的記憶越發清晰，他人的故事又引出更多心裡封存的回憶。故事在每一次的相遇中持續堆疊累加，歷史也有了更多的細節。起初，拿筆畫圖對社區來說是個跨不過的高門檻，但隨著故事分享、情境口語勾勒、有趣的繪畫練習等過程，逐漸累積信心與社區繪本共做的使命感，雖然嘴上說著「我不會啦」，但大家總是全神貫注於筆尖下的色彩，雙眼炯炯有神的閃耀著！現在，拿筆畫圖成了一種聚落日常。

最後，這些持續訴說蟾蜍山過往點滴的說書人，成了蟾蜍山的文化大使，在一場又一場的故事分享中，創造了溫馨的交流，也在互相陪伴練習中，與鄰居及社區的年輕人有更多的日常互動。一本繪本，是社區對自己文化保存的意識，以及自己照顧自己的行動。

「保存已經成功了嗎？」

最近來到社區的朋友常會這樣問，而我們也總是捫心自問：成功的定義是什麼？

從二〇一三年台科大排佔訴訟、煥民新村拆除危機、文化景觀的倡議與指定、煥民開始

圖8.6
葉媽開心展示人生第一本由自己創作完成的新年月曆。

修繕、到市府拍板以「眷村文化保存創生」、「生態學習體驗」、「都市農藝與食農教育」、「青銀共好鄰里網絡」等四大方向做為蟾蜍山活化主軸，看似風光的背後，蟾蜍山文化景觀在二〇二二年仍面臨農試所長輩被台科大集體迫遷、歷史建築群閒置頹圮、山坡地水保等基礎設施後續無人維護、現有都市計畫與保存目的扞格等課題，這些問題亟待文化主管機關的介入與承擔。同時間，持續透過像《我家住在蟾蜍山》等集體行動持續凝聚社區認同感，也是蟾蜍山這樣的非正式聚落（informal settlement）洗刷違建污名、邁向未來願景的重要媒介與軟實力。唯有持續建立社區的主體性，才有機會召喚出過往眷村互相照顧的精神，共同克服挑戰。期待著以居住為本質的蟾蜍山聚落能持續創造更多可能，打造「與山共生」、「與人共好」、「與歷史共存」的永續聚落典範！

9

暗黑地圖：宜蘭員山中華村的社區轉變

吳亭樺——文

吳亭樺——城鄉潮間帶執行長，台灣大學建築與城鄉研究所畢。求學期間移動於南投與台中城鄉之間，如何面對環境、族群與災害等相關議題，一直是人生持續的追尋。二〇〇四年加入台大城鄉基金會宜蘭工作室，開始駐地工作。在宜蘭經驗中學習成長，也與在地的夥伴們一起創造新的宜蘭經驗。專注於以農村為主體，發展各種尺度的參與式規劃設計技術。

教戰守則

- 盤點資源或亮點的同時，也可以嘗試把社區的議題空間化，不妨製作一張社區暗黑地圖，一起直視問題的核心。
- 覺得問題太大、自己的力量太微小，就從可以一起做的事開始吧！
- 從社區的大小事當中養成集體討論的習慣，點點滴滴累積處理公共事務的觀念與合作方式，社區願景也才能藉此滾動成形。
- 專業培力需要時間累積，政策上應鼓勵專業者長期駐地陪伴。

宜蘭縣員山鄉中華村是一個地處偏遠的小山村，人口約七百人。不到一半的長住人口當中，多為中高齡的老人。中華村雖然位於通往太平山森林觀光區的必經之地，過往的人卻鮮少感受到村莊的存在。二〇一九年八月傳出永侒企業即將在中華村開發礦場的訊息，且已進入環境影響評估程序，這則消息點燃了「護水源反礦場」的抗爭行動。自此後的一年，中華村長者的身影頻繁出現在環保署廣場、立法院、礦務局等場合，這場抗爭行動也喚醒了宜蘭人於八〇年代反六輕環境運動的集體記憶，重新認識「宜蘭水源地」的社會行動就此展開。

宜蘭護水源、反開礦的運動歷程

二〇一九年八月三十日，一則環境新聞報導了永侒實業為了因應開發位於中華村的瓷土

圖9.1　由中華社區及環保團體所組成的「護水源反開礦聯盟」於二〇一九年十二月北上至經濟部礦務局遞交陳情書。

礦場所需的環境影響評估程序，辦理了一場現地會勘。從報導的內容來看，會勘的現場一片祥和，礦場開發似乎勢在必行。這則小小的環境新聞，在宜蘭的民間團體之間迅速傳開，未被淹沒在龐雜的資訊當中。緊接著是開發業者始料未及的情勢：以中華社區及內城社區為核心，連結宜蘭在地環保團體——地球公民基金會、人禾環境倫理發展金會、陳定南教育基金會、荒野保護協會、惜溪聯盟共同組成了「護水源反開礦聯盟」，並開始了一連串的抗爭行動。

「護水源反開礦聯盟」的成員在極短的時間內解析開發環評書的內容，掌握開發範圍內的多重環境敏感議題，尤其開發基地位於宜蘭深溝水源地上游的淺山地帶——大安埤山，所可能帶來的嚴重影響。由於宜蘭沒有水庫，中華村粗坑溪的地面水以及深溝水源地的地下伏流水，是宜蘭溪北的主要用水來源，一旦遭到破壞或汙染，將影響宜蘭二十萬居民的用水安全。[1]以護水源為主的核心論述成為抗爭的主軸，直接或間接地引發許多民眾思考「沒有水庫的宜蘭，用水到底從何而來？」、「所謂的地下伏流水究竟為何？」[2]。宜蘭特殊的取水之道，在大旱之年更成為對抗全球氣候變遷的取經對象。

由聯盟所發起的連署在一年間獲得超過五萬人的支持，並且以專業對話與街頭抗爭並進的策略，運用台灣正在進行國土計畫的階段性過程，成功促成宜蘭縣政府在宜蘭縣國土計畫草案當中調整國土計畫功能分區，將永安預備開發礦場的相關區位，調整為功能分區當中的國土保育區第一類（國保1）。[3]透過政策的定調直接反應了礦場所在區位的環境敏感特性。反對開發的民意也讓各層級政治人物從縣長、鄉鎮市長、議員、立委皆現身環評會議表達反對意見，罕見地形成政府與民間在開發的議題上採取相同立場的形勢。

為期近一年的抗爭期間，中華村歷經了許多的壓力與波折，業者所祭出的利益也在村內造成了矛盾與撕裂。環評程序來到了二〇二〇年六月十日的環評大會上，中華村與內城村的村民以及大批聲援的民眾抱著終戰的心情集結在環保署前，在烈日下等待環評結果。當天環評委員做出本開發案須進入二階段環評的決議，意即開發案並未被完全否決，但也表示業者必須付出更高的規劃成本，才能夠再提出環評的審議。此時台灣社會與宜蘭在地的氛圍，已在社會運動的過程當中形成跨越政治黨派、意識形態的藩籬，反對礦場開發的訴求已在社會中形成了高度的共識。

環境運動折射的社區動能

環評大會後的一個月，由於中華村當時的村長許正東始終與業者採取合作並支持開發的態度，中華村村民於是發動罷免村長的行動，最終以高達百分之六十七的投票率，成功罷免了支持礦場開發的村長，這場罷免案被譽為台灣民主的示範，也獲得了全國的關注。

一個以老年人為主的山村社區，如何挺過超過一年的抗爭壓力？一年期間，因應環評會議、國土計畫審議等倡議場合至少有十數場，每一場都必須動員大量人力參與，所有活動皆須有縝密的前置策畫共識，才能匯聚足以撼動社會的民意。

為了讓村內老人家能夠更了解「礦業法」與業者所提出的「環評書」內容，中華村自辦數場工作坊，參加工作坊的一般居民，包含七、八十歲的老人家都能對礦業法的霸王條款如數家珍，對環評書的關鍵內容也能掌握，以便在鄰里間相互傳播。村民們的學習力與行動力打破了一般對偏僻小村的刻板印象。許多人都問中華村公民參與的動能究竟從何而來？

從台七省道暗黑地圖開始說起

時光退回至二〇一五年，我以社區培力課程輔導老師的身分第一次與中華村社區的居民碰面，當時正在舉辦農村再生培力課程。[4]一般社區培力課程往往會從在地社區資源盤點，以及社區居民說故事作為起始點。而中華村的居民所談起的卻盡是一些傷心的過往，尤其砂石車密集的台七省道上頻繁的車禍，在中華村竟是社區工作的開場白。

「既然如此，我們就一起來做一張台七省道的暗黑地圖吧！」在往後幾次的社區工作坊當中，我提議讓大家一起在大地圖上指認出村內時常發生車禍事故的地點、行走時常感到提心吊膽的危險地點、時常有重機「犁田」的地點。每個地點都代表著曾經破碎的家庭、代表著日常生活中與砂石業共存的壓力。繪製地圖的過程對中華村的居民來說，是一個全新的嘗試，村民們第一次集體面對長期以來只能默默忍受的痛苦，並且在空間上逐一標記。

之後，中華社區的理事長陳明華、總幹事吳位三及幾個重要幹部，持續參與宜蘭縣社區規劃師駐地輔導計畫，我也繼續擔任社區輔導老師的角色。在往後的社區工作當中，藉由持續的交流與討論，這張暗黑地圖的內容不斷累積與更新，村民們更主動記錄了村內所有的砂石場、礦場、曾經發生土石流的災害地點。當這張暗黑地圖完成的同時，數十年來的地景變遷也變得歷歷在目。

民國七〇年代，村內陸續開發砂石與礦產，現今持續運作的五座砂石場與兩座礦場帶來了密集的車流，加上太平山往來的遊覽車、送菜的貨運車，煙塵瀰漫的景觀逐漸取代了原本依山傍水的寧靜。來到民國八〇年代，自來水公司截取位於村內的粗坑溪水源作為宜蘭溪北主要民生用水來源，當地的農田因缺乏水源灌溉而全面性休廢耕，產業無以為繼、人口外移，造成更加凋敝的情境。

面對這張「暗黑地圖」，經過了一番情緒的抒發與醞釀，部分的村民開始有了課題意識。並且發現，中華村做為宜蘭的水源地的上游，不僅未畫設水源保護區，還是砂石場與礦場所在之地，更有一座面積二．五公頃的垃圾掩埋場位於中華村境內。

有人說：「如果要解決中華村的問題，應該要調整砂石政策、建構砂石車專用道。」又有人說：「我們都是一群無權無勢的老百姓，怎麼可能影響政府為我們做出改變？」在一個平淡無奇的一個夜晚，一群人聚在社區活動中心語帶無奈地侃侃而談。「既然短時間內我們無法改變大環境，那麼有什麼是我們可以一起做的呢？」我反問大家。

就在你一言我一語的過程當中，在台七省道上新建讓老人可以安心等公車的候車亭的構想，應運而生，圍繞著照顧老人的社區設計就此超展開。接下來的六年期間讓老人可以安心

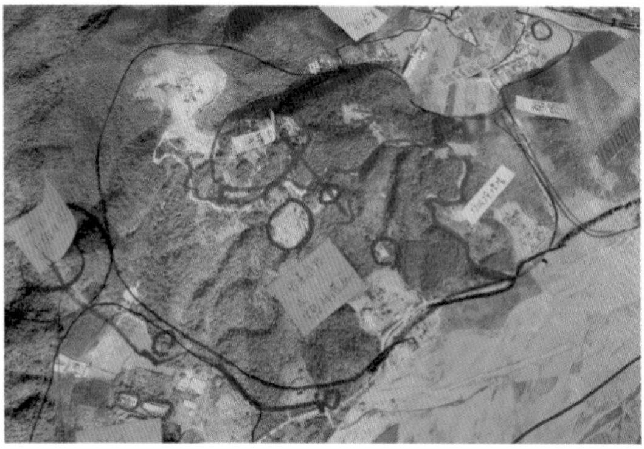

上｜圖9.2
在社區工作坊當中，中華村的居民一起指認了村內時常發生車禍的危險地點，製作了第一張台七省道黯黑地圖。

下｜圖9.3
中華村內砂石場、礦場密布，造成土石流災害，這些議題在暗黑地圖製作的過程當中逐漸浮出檯面，也讓居民們開始思索能做出什麼樣的改變？

走路的慢行步道、讓老人可以休息的口袋公園、可以讓老人學習的關懷據點等空間，一個接著一個長了出來，村民們用自己的雙手一點一滴縫補被礦場、砂石場輾壓的生活與自尊。

冷水坑候車亭：與專業合作、與公部門協商的初體驗

冷水坑候車亭是中華社區的理事長陳明華及兩位幹部參與宜蘭縣社區規劃師輔導計畫，

上｜圖9.4
社規師帶著長者們用模型模擬公車亭等的情況，調整出最佳方案。

下｜圖9.5
居民參與候車亭的環境美化。

利用實作課程的經費進行雇工購料所完成的。

經過盤點討論發現，村內的老人時常需要搭公車到市區買菜、就醫，省道上的候車地點不僅無法遮風避雨，且緊鄰快車道，險象環生，多處有設置候車亭的必要。經評估，大家決定以「冷水坑站」進行僱工購料的實作，其他站點則轉向宜蘭縣政府申請於村內的再連站和粗坑站設置制式候車亭。

許多候車亭在設置之時並未考慮路型、路況等因素，設置的位置不見得恰當。為此，透過社規師輔導團隊邀請到交通專家來到現場與村民一起會勘，重新適度安排站牌與候車亭位置，也促成了公路局、縣政府交通單位、鄉公所共同會勘並做成決議，整個過程都讓村民大開眼界。原來移動一個小小的車站牌竟然涉及這麼多政府單位！大陣仗的會勘行程也是村民第一次由被動等待政府施政，轉為主動促成政府協力的特殊經驗。

冷水坑候車亭的位置在擇定之後，社規師學員對居民候車、上車的過程做了詳細觀察，由輔導團隊依照現地環境製作了簡易模型並在工作坊進行模擬，完成了冷水坑候車亭的構想。這個小小的候車亭銜接了聚落出入口延伸而來的步道，結合舊省道的老樟樹，整體環境打造如同一處微型的休憩公園，並邀請居民現場模擬等公車的情境以確認候車亭的細部配置，讓候車的人在車來車往的省道上既能感受到安全，又能夠清晰看到行駛而來的公車。在經費有限的情況下，儘量以漂流木、回收再利用的素材手工打造，更以一套小型的雨水回收系統澆灌大家一起所栽種的花木。

從點到線到面：老人慢行步道與舊警察局的華麗變身

接續冷水坑候車亭的經驗，中華村民渴望以更多的空間手段，來提升老人行走的安全，並藉由改變台七省道兩側的景觀，來強化村落的生活意象。在社區規劃師的延續性課程當中，輔導團隊帶著社區居民以粗坑聚落為核心基地，利用公路兩側的餘地完成了老人慢行步道，也促成了閒置了數十年的警察局移撥予社區發展協會作為關懷站使用。[5]慢行步道的起始點是間年代悠久的老屋，在獲得屋主的同意後，老屋的外觀也被加以修繕，在牆面上彩繪出時常出沒在中華村的動物，表現出山村豐富的生態。

由於社規師輔導計畫的實作經費十分有限，多數現場施作的工作皆由在地居民擔任義工來執行。輔導團隊找來具有工地經驗的專家指導老人家鋪設水泥板步道，長達三百五十公尺的慢行步道皆出自村內七十歲以上老人家之手。這次的空間營造成果大幅改變了中華村粗坑聚落的景觀，荒廢的警察局在改造後也形成了明亮的視覺焦點。由單點改善，到帶狀的步道串聯，形成面狀環境改善的過程，刷新了各界對中華村的觀感，重新對這群以老人為主的社區組織刮目相看。

蓄積六年的公民養成

自台七省道暗黑地圖完成之後，連續幾年中華村依舊未盼來解決難題的政策性處理。抱持著盡最大努力的信念，以社區發展協會為代表，銜接公部門的培力計畫、小額雇工購料經費，進行微型的空間改善。二〇二〇年中華村以宜蘭縣政府文化局的社造3.0計畫完成了

圖9.6
社區長輩親手參與台七省道人本步道的施工。

《「手」護中華村水水的山頭》繪本，這本繪本呈現了中華村的山村故事，由當地內城國小化育分校的孩子們，手繪老人家口述的在地故事，大人們當時正在進行的抗爭畫面，也收納入繪本故事當中。

為了累積在地知識，社區發展協會參與林務局的林業計畫，學習生態調查的技術，自行完成蝴蝶、蜻蜓等基本調查，累積在地知識，出版成冊。

諸多的補助資源當中，又以水土保持局農村再生計畫所投注的資源，為規模相對較大的空間營造建設，政府以興辦招標的方式，陸續完成了再連土地公廟廣場整建、粗坑關懷站整建等兩處緊鄰台七省道的公共空間。

中華村多數的社區工作，皆以儘量擴大參與的方式來進行，幾年下來，在村子裡不知不覺累積了數百場、大大小小的工作討論或共識會議。以社區發展協會陳明華為首，帶領協會幹部建立了討論的習慣，也影響到村民們，遇到問題時盡力溝通，遇到困難時設法合作共學，逐漸內化成為集體習慣，即便待解決的事情仍然多如牛麻，內部偶也會有因立場差異而產生的紛擾，在遭遇礦業開發，走上街頭抗爭之前，連續六年的社區工作逐步養成在地的公民意識，改變的腳步從未停歇。

淺移默化中凝聚社區願景規劃

在上述諸多計畫當中，農村再生計畫提供了完整盤點課題、訂定願景規劃的機會；而社規師的培訓課程，則是對分散於不同部門的個別計畫起了整合引導的作用。

社區規劃師的輔導團隊在前期二〇一一年至二〇一六年，為台大城鄉基金會宜蘭分會，二〇一七年後轉型為城鄉潮間帶，前者以非營利組織的型態，提供空間專業服務，後者仍延續相同的價值為強調社會服務的企業。團隊在社規師的制度設計當中，特別強調輔導老師與社區之間所建立的「專業陪伴關係」。

社區規劃師的實作課程往往會有一個空間改善的明確目標，為了選擇適切的基地，必須有一套清晰的論述，這套論述必須藉由擴大參與得到集體共識，同時老師（輔導團隊）必須適時引入新的觀念，在集體之間產生學習效果。換言之，社規師的輔導過程，即是以空間營造為手段，在淺移默化的過程當中發展出社區的「願景規劃」，是往後引入資源、執行社區工作的一個重要依歸。

目前宜蘭的社規師制度為三年三階段的設計，從初階、進階到跨域，老師（輔導團隊）與社區之間可發展出三年以上的長程陪伴關係，社區的願景規劃與論述內涵將會隨著時間深化滾動調整，也因為信任關係的逐漸強化，更加強了引導改變的效果。

作社區的靠山：專業的長期陪伴

社區規劃師培訓課程中，代表社區參與課

程且付出最多的則是理事長陳明華、總幹事吳位三，以及幹部劉邦師。陳明華與先生一起經營一個小餐館，由於容易感動落淚，時常被大家笑她是個愛哭鬼，在歷經了社區工作與抗爭行動的洗禮之後，現在的她不僅能面對巨大的壓力，且能自製各種海報、簡報，即席演講都難不倒她。吳位三自學校教職退休之後，擔任社區總幹事，累積了幾年的生態調查工作之後，現在是在地的生態專家，時常帶領解說導覽。劉邦師為在地工匠，各種大小營造事務皆會執行發落。社區耆老變身巡守隊、各種志工隊，從對社區事務無感，到全心投入，還會在衝突矛盾的時候挺身而出。在長期陪伴的過程中，我們看到了中華村一點一滴轉變，成長為一個具有韌性的團隊。

專業的長期陪伴關係基礎，建立於專業團隊長期駐地宜蘭的條件。除了適時提供諮詢、討論，必要時，團隊也義務支持設計、製圖、協助溝通或引入其他專業網絡協助。以中華村為例，一直到二〇一九年反礦場的抗爭運動，大量涉及法令、政策、專業論述並非社區居民能快速吸收轉化的專業知識，隱形於大眾視線的專業者，仍在持續陪伴的過程當中做社區的靠山。

這種以小額計畫在漫長的時間當中持續陪伴的作法，其實是充滿著許多困難。在資源有限，且許多時候必須是義務協助的情況下，以理念支撐的專業服務，專業團隊的經營如何永續，一直備受挑戰。在當前社區營造、地方創生成為顯學的氛圍下，許多以社區培力之名的行銷計畫如雨後春筍般的推出，紮根式的專業服務往往難以從計畫的ＫＰＩ當中區別其差異性，最終只能回歸專業者自身的價值定位，以及自我對社會責任的期許。

回看六年前一起完成的那張暗黑地圖，多數的問題點仍然盤踞在這張地圖之上，然而，在中華村民彼此心裡所照應的，已是另外一張生態豐沛，充滿里山精神所架構的願景藍圖。這張藍圖也是關注宜蘭水源地的所有人，心中共同守護的夢想之地。

1 溪北地區平均用水量約65,000 CMD，除了枯水期以外，大約以粗坑地面水30,000 CMD及園區地下水35,000 CMD的比例供應。

2 伏流水為流動或儲存於河道下方砂礫石層中的水源。

3 依照國土計畫法第二十一條規定，國土保育區第一類之土地使用原則：維護自然環境狀態，並禁止或限制其他使用。

4 行政院農委會於民國一〇一年起所推動的農村發展政策。強調以社區為單位，以培力課程支持社區組織由下而上提出以社區為範圍的農村再生計畫。

5 依衛服部「社區照顧關懷據點」相關規定所設置。邀請當地民眾擔任志工，提供老人關懷訪視等服務，並視當地需求特性，提供餐飲服務或辦理健康促進活動。

10

地方參詳：回返生活、重拾分散的嘉義經驗

連振佑、許芳瑜——文

連振佑——朝陽科技大學景觀及都市設計系副教授，台灣大學建築與城鄉研究所博士。曾任文建會助理研究員、經典工程顧問有限公司專案經理、中原大學地景建築學系副教授。長期關注環境與人的關係、提倡「社群協力營造社區」，努力促成Placemaking、地方再生；致力推動參與式規劃設計手法邀請關係人共同邁向參詳、自治及共享的生活環境。

許芳瑜——國立中正大學成人及繼續教育學系博士候選人，深耕嘉義的社區協力者。擔任嘉義縣社區規劃師輔導團隊近二十年，致力於連結地方文化議題、營造風土環境，在社造的基礎上推動公民審議，後轉譯為「參詳」的概念。近年在溪口鄉展開鄉鎮型創生實驗行動「溪計畫」，從社區社群之串連合作開始，期待農村成為深具包容性的多元棲地。

圖10.1
溪計畫2.0田庄野遊。

教戰守則

- ○ 善用日常中分散各處的溝通場域，把社區議題融入生活當中去議論。
- ○「參詳」比投票更能彼此尊重、相互了解，更接近民主的真諦。
- ○ 越「分散」能讓越多人為同一件事情「參詳」，有更深更廣的參與！

空間改造裡的「民主」

早期台灣尚處於農村社會的時候，街坊鄰居拉幾張椅子、擺幾張板凳在騎樓下，議論時政、討論鎮上哪裡該修修補補，就會成為「決策」重要的一環；而在大樹下的洗衫坑，婆婆媽媽不僅在一起搓洗衣物，也交換情報、溝通意見，透過耳語傳播之後在社區裡建立起各議題的「共識」；更有甚者，鄉里的意見領袖士紳相約泡茶、聊天高談闊論，經過深度意見交流之後，取得了比依《民權初步》規範所開正式會議還要好的結論。這些就是台灣社會中早就像匍匐莖深入各地的「參詳」(tsham-siông)概念與實踐。

隨著台灣的民主轉型，投票民主、正式會議的制度和框架也進入到空間改造的議程中。台北市最先以「市民主義」開放號召居民由下而上向政府提案進行「地區公共環境改造」，也是後來全台「社區規劃師」制度的濫觴[1]。各縣市如雨後春筍般緊接著推動「社區規劃師駐地輔導計畫」，都強調居民參與社區空間環境改造的提案與實作，甚至後來衍生結合「審議式民主」、「參與式預算」的規則來推動，裡頭都蘊含著西方「理性（人）」、「公共人」的想像，把居民推進到「會議」之中，生活反而被異化。

在老年人口比例全台最高的嘉義縣，自二○○四年起也透過社區規劃師制度推動民眾參與環境改造的行動。在地方之空間專業者相對不足的狀態下，以對社區工作有興趣的夥伴為對象進行培力，希望他們能運用地方知識與生活經驗，以僱工購料的方式進行符合地方需求的空間改造。在這個模式中，經過培訓後的社區夥伴被稱為「社區規劃師」或簡稱「社規師」，他們的任務是帶領社區進行討論、提案，一直到執行空間改造，依循著程序理性開始工作。但是社規師縱然有熱情與服務的精神，一旦面臨地方上常有的「派系紛擾」，仍然無法將社區參與的SOP與精神好好落實。

本章想要談談嘉義縣社規師輔導團隊將「參詳」導入「社區規劃師駐地輔導計畫」的推動經驗，談談嘉義由下而上推動空間改造工作中的「民主」，究竟是什麼樣貌？如何推動？以及這一路以來實驗的經驗與反思。

從「競賽」拉回「審議」：更接近公民、吸引更多社群

二○一四年嘉義縣政府撥了一筆預算執行「金牌社區選拔」，以競賽的方式與優渥獎金，獎勵在社造各面向有具體成果的社區，社規師輔導團隊也正是該選拔計畫的執行團隊。在這次執行選拔的過程中，我們發現社區競賽的「成績」通常與社造最核心的精神-「公民參與」沒有相對應的關係。於是執行團隊主動向縣府說明「競賽」的侷限性，並分析社造推動多年

來因為忽略公共參與所造成的僵化慣性以及業務化危機，重新思考公共參與以及永續經營該如何落實。

這反思後來獲得縣府的支持，隔年決定運用同一筆預算來面對社區在操作上的困境，以「開放政府、公民作主」定調，展開以審議民主為核心的實驗性行動。行動中首先將提案資格鬆綁，不再侷限於「社區發展協會」，而是鼓勵想為嘉義貢獻想法的年輕社群組隊來參與公民培力與提案；第二是這筆經費的補助方向，完全由參與的夥伴一起討論決定，也就是「補助辦法」不再是公部門自行擬定，也不由「專家」單方面決定哪個案子獲得補助；最後一個重大突破是：允許失敗，各種想法都可以透過討論去構思與行動，但如果時機不成熟、地方還沒有共識，就不必硬著頭皮做出「成果」，只要呈現過程中的紀錄與反省，敘明失敗的前因後果就可以。

這次更信任、更開放的思維與機制，確實帶出更熱情且有力量的提案，有許多過去未曾出現在「社區營造」場合的年輕朋友們主動加入，她們有的是設計背景的研究生，想在農村與地方共學共創；有透過自身鑽研成為風車達人的修車師傅，想以風力發電解決沿海地層下陷聚落無法自然排水的問題；也有想以地方柿子產業發展柿漆柿染的工藝家，大家一起從觀念的培力到操作，踏實地走過一遍。這次補助方式的轉變使得參與者從「如何在時間內做出得以交差的成果」轉向到「大家如何好好的討論審議」。

以「公民審議」推進的經驗，雖讓輔導團隊順利對接到不在社區組織內的年輕社群；然而這樣的概念可否進一步拓展到傳統的社區組織呢？社區裡的「實質民主」是怎麼一回事？

真實生活圈裡的公共性在哪裡發生？在論述之外，是否有切合生活情境又具體可行的操作方法呢？這是團隊進一步想要與社區一起面對的課題。

從「審議」轉向「參詳」：分散式的溝通場域、融入生活的議論

該怎麼跟社區長輩們解釋「審議民主」？如何讓社區重新學習公共參與？這些課題實在讓輔導團隊傷透腦筋。多數社區已經習慣在友好的圈子裡做事，對於不友善或不相往來的，也都習慣不予理會、視而不見，要讓他們嘗試對話或分工合作是否陳義過高？面對這些難題，作者之一的團隊主持人許芳瑜邀請了謝昇佑、呂家華與另一位作者連振佑等人共同討論激盪：能否回到日常的生活情境，用我們自己的語言進行我們自己的公共討論文化？

圖10.2　參與式民主培力，繪製參詳魚骨圖與社群關係圖。

整個討論過程中「公親」這個角色浮現，大家談到傳統上「公親」在地方上扮演居中協調的角色，穿梭處理公共領域、公共事務的矛盾與分歧；循著「公親」這個脈絡，「參詳」的概念也跟著湧上，傳統的生活脈絡中，我找你「參詳」、你找我「參詳」，或者大夥聚在廟口、榕樹下的作伙參詳「廟ㄟ代誌」、「庄頭ㄟ代誌」，就是一種帶著善意且親切的「商量」文化。用「參詳」來轉譯「審議」的概念於是明確了起來，「參詳」被定調做為置換或落實「參與式民主」的新主軸。

經過一番仔細規劃，這一年社區規劃師駐地輔導計畫的研習課程就不再想當然爾地學習議事規則，以及民眾參與手冊上工作坊作業流程，也不是直接套用審議式民主的流程。而是分析、解構並繪製自己社區的「社會網絡（social network）分析圖」，指認社區裡有哪些大大小小

表10.1　各計畫之參與內涵比較表

社規師計畫	• 社區幹部受訓 • 帶領社區由下而上提計畫改造空間 • 一開始較傾向理性規則的民眾公共參與
金牌社區選拔	• 遴選優秀社造成果社區 • 看不見與「公民參與」的強連結
民主審議	• 鬆綁相關規定 • 吸引到社區組織以外的人群 • 擴展到不只是空間議題 • 允許失敗、終止也可以結案
參詳	• 用「傳統語言」讓大家啟動討論 • 回返日常分散式各議論場域 • 與生活結合 • 跨越各社群藩籬
溪計畫	• 跨社區 • 鄉鎮尺度

不同的「參詳ㄟ所在」，例如廟口大樹下弈棋社群、雜貨店資訊交流的小站空間、公園裡各式休閒健身的團體與場域等等。

這次計畫鼓勵上課的夥伴回到社區後，可以從各個角落展開參詳，透過每次日常性參詳行動取代正式會議來凝聚共識，希望藉此驗證社區環境改造另一種分散式、以民眾生活中「小公共」為主的取徑，更貼近生活，讓更多人「參與」，當然更鬆綁了集中且制式的民眾參與形式。

大林鎮上林社區：「我回去跟家裡參詳一下！」

上林社區位於嘉義縣大林鎮，是老年人口比率超過二十七%的農村社區。當時由剛卸任社區發展協會總幹事的孫家榕來參與「參詳」的培力課程，她說：「面對長者比較多的社區，如何帶動公共議題是很大的挑戰！」因為對社區環境熟悉，家榕很快地盤點出分佈於社區兩個聚落，總共十六個居民聚集的日常空間，有農藥店、柑仔店、水塔公園、里長家、老里長家、倒垃圾處……等等，再依參詳的先後順序安排出參詳架構圖，她準備先不設定議題，分別到各個小公共空間去跟大家討論大家關心的事。

其中有一場「參詳」的聚會是在老里長家，家榕說：「前任里長也有他的人面跟粉絲，不是說他現在不在檯面上，他就沒有影響力或不關心，他家每天都有人來泡茶說村裡頭的事……。」說起來這場參詳就像是日常的聊天一般，差別是身為主持人的家榕貼心地為每人準備一把印有「參詳」兩個字的扇子、一塊記錄用的小白板；相對於很多會議場合大家一看到麥克風就緊張地想推開，這一場在老里長家的討論，卻顯得自然深入且有秩序。

在主持人簡單開場後，馬上就有長輩反應村子的廣播系統「有死角」，對於依賴村里廣播吸收資訊的長輩而言，「聽不到廣播」可是會影響自身權益的大事；還有一位阿公發言，他說這個「參詳」是他小時候就很常用的，以前如果遇到什麼事情就會說「我回去跟家裡參詳一下！」後來，大家還聊到社區中獨居的長輩如何互相照應的方法，一位阿嬤就說，只要看她是否把衣服晾出來，就可知道人是否安然無恙；順著長者獨居的議題，大家進一步聊起「安樂死」該不該合法？父母獨居時出外的孩子所承受的壓力等等。

另外一場參詳是從「槌球友誼賽」開始的，打完球後，家榕讓長輩們聚在一起泡茶聊天，然後邀請長輩說看看，球場有沒有需要改善的？有人說沒廁所不方便、沒有遮陽……大家的需求透過實際體驗後就具體表達出來了！她說：「對長輩講很嚴肅的公民審議，太專業了！」所以透過活動的設計，先讓長輩有真實的體驗，然後接續的討論就會更自然而且深刻。這個過程正是社區規劃師最期待促成的空間公民參與啊。

番路鄉逐鹿社區：帶著一手啤酒去參詳

逐鹿社區是因莫拉克風災而形成的永久屋社區，聚集了阿里山上八個鄒族小部落，他們被迫離開了家園遷移到山腳下。八個部落雖同為鄒族，但仍有各自的立場與想法。來參與參詳培力的鄧伊珊來自桃園，嫁給擔任逐鹿社區發展協會理事長的鄒族勇士莫俄後，投入社區經營以及鄒族的文化傳承，常被大家笑稱：比鄒族人更像鄒族人。

上｜圖10.3 上林社區運用小白板與扇子進行參詳。

下｜圖10.4 逐鹿社區將參詳融入傳統生活場域。

一個新的社區，失去過往山林產業的支撐，似乎只能重新創造機會發展觀光，但有些居民對於遊客進入居住的場域似乎有不同的意見，所以伊珊想先藉由社區辦小燈會這個事件來跟居民們一起參詳，她說：「不是要辦一個多漂亮、多厲害的燈會，而是用這個媒介，用它來討論環境如何規劃更乾淨、整齊，怎麼把鄒族文化帶到社區……，也讓大家討論，如果有不喜歡遊客的居民，該怎麼辦？」

伊珊先盤點了社區內的小團體，準備開始參詳行動。第一場找了「婦女手工藝班」，成員有老人家也有婦女，伊珊說：先找她們是因為：「他們很喜歡講話！」但原是要跟大家討論「環境怎麼改善？」意外地卻收到一堆抱怨，經過檢討才發現原來怎麼問問題也是參詳的技術，換個角度問說：「那你覺得怎樣會更好？」順利得到更多改善的建議。

不管白天夜晚，原住民都喜歡聚在一起，所以家戶前的涼亭就是一個很好的參詳地點，伊珊也不忘帶著一手啤酒進去助興，或者有意識地帶著年輕人一起參與，她發現有時候理事長自己下去溝通居民反而會較緊張，會想「你們問這個想幹嘛？」由年輕人下去討論大家反而開心，長輩會問：「你哪個部落的？你爸媽是誰？啊~我認識誒！」，那份防備心就卸下了。

這樣的參詳經驗讓伊珊豁然開朗，她說：「以前弄一個計畫最怕大家有意見！」這一次她主動到各個集會點去跟大家接觸，去想用什麼形式會讓參與者覺得有趣？她先跟一群一群的居民參詳，把問題與解決方法「由下而上」收集起來，最後再去找所謂的「頭」來參詳，綜合考量大家的意見。

隔年，伊珊想為部落孩子營造一個「分享

亭」作為共學空間，她主動規劃了六次的討論，分別找了「文化健康站的長輩」、「巫師與部落居民」、「部落廚房婦女」、「部落裡七個孩子的媽」、「部落中年人」、「部落型男」等，不同的角色有不同的關注點，也讓孩子共學空間的營造得到更多協助與支持。

兩個社區的案例都讓我們看到公共參與可以這麼自然地在日常中發生且具有地方特色。參詳的方法讓社區夥伴可以靈活運用在空間營造以及其他面向的討論上。

溪計畫：參詳的延續擴散與成熟

從一開始的金牌社區選拔，轉向到審議民主，再到地方參詳，當社群合作與參詳的種子播撒到社區時，「地方創生」政策轟然而來，我們也跟著長出一個更大的想像：那些散佈在鄉鎮中，各自在小圈圈中努力著的社區，有沒有可能透過更大視野的願景討論與社群合作，將過去被包裹在社區框架中的單一能量串連成更強大的地方力量？在這樣的概念下我們選擇在嘉義縣面積最小，人口僅有一萬多人的「溪口鄉」展開行動。

溪口鄉有長期參與社規師計畫且動能優異的溪東社區，以及幾個農村再生社區，鄉公所與地方文化館長年投入地方文化的採集與紀錄工作也有初步成果，且地方工藝類型豐富（天赦竹編、布袋戲佈景彩繪、戲偶雕刻、民俗童玩等），三疊溪流域還有台灣特有種諸羅樹蛙，初步評估有這些基礎條件後，我們單純地從「社區社群合作」的概念開始摸索、展開討論，而有了連續兩年的「溪計畫」行動。

溪口舊名雙溪口，是由三疊溪與華興溪匯聚而成的聚落，有一條形成於清道光年間但漸被遺忘的老市街，以及凝結於五〇年代的老店家們，上述溪東社區就位於此一核心區域，也是鄉內行政中心與商業市街之所在。在行動初始，我們進行了個別社區的拜訪、也透過社區夥伴的牽線邀請地方商家、青年、地方志工等舉辦說明會與工作坊，讓不同的社區社群夥伴進行初步互動，這是另一種參詳的實踐。

我們發現，多數參與的成員對我們這樣的中介團隊還不熟悉，再來並無合作經驗，無法想像如何共享此一資源；也發現社區要從例行的服務事務中跳脫出來看見地方的價值，需要一點外部眼光的刺激，讓內外部視角交互凝視，因此溪計畫1.0先以溪東社區以及我們輔導團隊作為行動主體，由社區帶路一起進行老街區的田野訪談，這過程讓我們迅速明白這是一個「與時間賽跑的小鎮」，這些老店家曾經支撐了小鎮生活所需，更是溪口曾經輝煌的鮮明印證！

社區帶路，我們得以深入一進又一進的街屋，在不同的場景裡參詳未來發展的可能。我們遇到年邁且帶著豐富故事的街屋主人，與他們討論讓老街成為生活博物館的可能，他們熱情的回應、述說過往的生活經驗，不僅樂意提供騎樓與沿街空間作為展場，也大方提供有代表意義的物件作為展品，一間一間老店鋪的主人共同成就了「生活博物館」的理想。

接著我們邀請外國友人以及期待到農村學習的藝術創作者來到溪口漫遊，在社區的深度導覽下，他們均對老街與街屋的空間樣貌與人物故事讚嘆不已，也對閒置近三十年的舊公所在時間淬煉下形成的空間氛圍留下深刻印象，透過他們的眼睛映照出更有獨特價值的溪口，也振奮了團隊夥伴。確立了以「生活博物館」以及一系列的展演活動，帶著老溪口人重返老街，也帶著新一代的溪口人、外地的朋友重新

上｜圖10.5 溪計畫1.0活動開場：踩街Party。

下｜圖10.6 溪計畫2.0大合照。

認識老街。

除了老街的展場空間順利借用，在鄉公所與社區合作下也突破重重困難，打開了如廢墟般的舊公所成為重要的策展展場，呈現老街生活的物件與人物影像，也重新讓溪口過往的印象流淌在展場之中。展覽期間，多所溪口國中小學都主動帶著學生來看展，讓我們恍然發現：在老農鄉中一直被忽略、在地方參與中缺席的「孩子」角色。因為有溪計畫1.0的展演作為媒介，當我們逐一拜訪溪口每一所國中小時，大家都對「溪計畫2.0」有了參與的期待，也交換彼此對溪口孩子土地教育的期待。「農村的孩子」與溪口的溪流、樹蛙、土地，漸漸形成溪計畫2.0欲面向未來的主題輪廓，空間場域也從核心街區開始往外擴散。由老師、藝術家以及溪口的大哥哥大姊姊帶著孩子走訪溪流、追鳥，到疊溪村拜訪樹蛙，到游東村的廢棄小學玩土捏偶柴燒，透過四季土地教養活動與當地社區、廟宇、農民、老師與年輕的家長們建立連結。一個與時間賽跑的小鎮，讓孩子成為農村經驗的傳承者，也讓農村成為養育孩子的美好棲地。

由社區到鄉鎮，從各自孤軍奮鬥到串連合作，其實就是形成社群網絡的過程，我們發現，傳統的社區組織正逐漸老化，地方的中壯世代即使有心，也缺乏參與地方事務的管道，我們在溪計畫中看見社群協力組構社區的可能，我們看見網絡越複雜就越豐富、力量越多元就越穩固，這是值得地方繼續努力的方向。

回返生活，越分散越有力量！

嘉義縣搭著「環境改造民主化」的浪潮，從社區規劃師制度的操作中打下基礎，然後試圖突破瓶頸、打破「同溫層」，因此發展出回到

「日常民主」的實驗性嘗試。限於篇幅，嘉義縣除了逐鹿、上林社區，還有桃源社區、平溪社區、工廠村等等，社區居民都找出過去沒有視覺化、未被釐清楚的社會網絡關係，曾有參與者說：「難怪過去我都無法解決困難，老師這樣講以後，我終於能夠『通了』」。回到「非正式協議（場域）」讓社區的經理者有了社群網絡構成社區的視野，透過這樣的知識展開的行動與方法，讓大家的「社區工作」事半功倍。當然，參與實驗的社區並非都有相同的轉化，有的遭遇真實的陣痛與掙扎；有年輕的社區幹部與長輩對話時，呈現尷尬無語的狀態，一方面場域不夠輕鬆，再加上彼此的理解不足使得話語生疏；也有不同宗族間因為有過嫌隙、長時間不願意對話而形成高張的壓力與緊張關係。這些都需要更多的努力與面對的勇氣。

回顧社區規劃師制度通則式理性民主原則的開展，然後嘗試嫁接審議民主，逐漸地發展出參詳，然後集結成二〇二〇年起這種深入地方不同社群公共性的實驗性「溪計畫」，嘉義縣各社區和溪口展現出和其他縣市完全不同型態的空間改造與治理模式。從二〇一四年的轉向，一直到發展出溪計畫，嘉義縣的經驗與案例，彰顯了「正式」與「非正式」的銜接，回返日常生活，沒有一定的標準作業程序，更重要的是慢慢做、做做看。

1 台北市「社區規劃師」制度於一九九九年創立，二〇〇一年中央內政部營建署正式建立社區規畫師制度。

11

萬華城博：串起人與人的連結

陳德君——文

陳德君——遊走在「萬華社區小學」品牌創辦人、社區規劃師、小小市民文創公司負責人、台北市糖廍文化協會會長多個身分間，曾以為「敢想」、「敢講」、「敢做」再加上「一起」兩個字，是從台大城鄉所碩一開始投入萬華老城翻轉工作，迄今超過二十年的最佳勵志語；但搞到很累連自介都微艱難的這裡，改口了。鬆鬆的就好，有張開連結就好，別太敢拚一起，要留力。

教戰守則

- 當地方書寫容納了你我的日常、生活、情感，將更加有活力和渲染力，讓人看見人與地方。
- 共筆到完成的前提是程序步驟規劃，第一次見面就說明書寫地點採集原則，制定篇章數量字數和體例，建立共事基準。
- 政策的公共實踐仰賴公私協力、公眾參與，再好的政策若缺乏適當溝通過程，仍易流於口號。
- 危機是轉機，疫情攻擊地方，反而看見地方人們守護彼此、捍衛家園的韌性，也是在此時彰顯了平日維繫著的社區網絡的價值。

二〇二一年五月，台灣比世界晚了一年遭受COVID-19衝擊，一夕之間「萬華」成為媒體箭靶，彷彿它就是病毒的來源。但萬華人在抗疫同時，也群起反擊，放送「十八萬萬華人受台灣人霸凌」的直白抗議：是病毒讓萬華染疫，不是萬華帶來病毒。回顧二〇一八年我的三人小公司「萬華社區小學」，透過萬華「艋舺城市博物館」、串聯二十八位地方寫手，無酬共筆撰稿、出版發行萬本容納一百個艋舺故事地點的「艋舺護照」，在如此時刻提筆書寫，更是加倍感觸良多。人與人的連結在台北萬華，無論平時或特殊時刻，都有具體可見的行動力。

城市博物館

一般認知的博物館有以下特性：知識性、被動帶領和告知的觀展、由設計者定義的場館、以及以景觀地標自居、由政府建設等，「城市博物館」所重視的內涵，則包含身體感官經驗，在一個城市博物館的意境中，觀展是自己主動參與並帶領自己，由使用者定義範圍、由市民來創造經驗[1]。早在台北北投溫泉博物館於一九九六年提出「北投生活環境博物園區」起，「城市博物館」的概念很快便在台北地方文史工作和民間社造團體間發芽以及傳播，萬華也不例外。

以糖廍文化園區「台糖台北倉庫」古蹟為例，自提報、指定到開園的長年歷程中，當時即有台北市糖廍文化協會、萬華社區大學與社區規劃專案，以論壇形式進行以「城市博物館／生活博物館／生態博物館／街道博物館」的討論，串聯社區集體記憶、文化生活領域的願景。二〇一八年柯文哲市長競選連任前，城市博物館成為柯文哲《我們的臺北藍圖》城市空間政策一篇章，透過網紅效應產生新的聲量。但其實在萬華地方，類似觀念早已透過傳統人際關係、口耳相傳，醞釀多年。

古蹟保存與社區參與

一九九八年，萬華區糖廍里、綠堤里里民發起「大理街社區運動」，抗議台糖出租土地給西園醫院作療養院，爭取都市計畫中台糖土地改劃設為公園，更轉進將台糖倉庫指定為市立古蹟。「糖廍文化園區」的變身三部曲，說出居民變身為市民，參與了城市改變的故事。隨著二〇〇〇年艋舺甘蔗祭的舉辦，以及社區運動「組織化」，成立了「台北市糖廍文化協會」、「糖廍」園區一隅由社區認養的甘蔗園，自此生生不息。

每年甘蔗收成時，現採現榨的甘蔗汁與民眾分享同樂；協會快樂的園丁帶領學校師長、區里長各級民意代表、甚至市長、總統，一起在田地裡蹲下，親手植蔗；每年暑假，園區舉辦「種子營」，讓萬華孩子參加，認識家鄉。「糖廍」的變身逐漸不只侷限在園區裡，還包含艋舺大道景觀軸線、國宅公共環境改造、服飾商圈振興，甚至近年的社會住宅興建與環南市場改建，也都有了市民參與的身影。

走進在地生活的土壤

在有情感、有記憶的土壤上，市民參與城市改變，種甘蔗重寫生活空間與地方文化，持續對外發送社區的聲音，是糖廍經驗帶給我最大的啟示，也是艋舺城市博物館－艋舺護照的超級前傳。大理街進行社區運動當時，我以台大城鄉所碩士班學生的身份參與其中，由下而上參與，民主意識獲啟蒙；二十年後，當柯文哲市長在兌現城市博物館的競選政策口號時，我已在萬華社區規劃師經驗上，轉型開辦「小小市民文化創意有限公司」兩年，以「萬華社區小學」為首推品牌。

不同於台北其他行政區以文化局或觀傳局活動預算辦理城市博物館，艋舺的城市博物館，是從社會局主管的「艋舺觀光活化計畫」出發。在許立民局長滾動建立的公私協作平台基礎上，市府跨局處與地方頭人、仕紳、商圈、社團、社群代表，共同參與每月一次的會議（簡稱艋舺會議）討論，我也是其中一員。有一天，許局長在艋舺會後問我「你之前說的城市博物館的夢還在嗎？」這是艋舺城市博物館走進社區、串起人與人連結的開端。

導覽、市集、展覽，「走進在地生活的土壤」是一連串計畫的核心精神，無論外人怎麼看（或看不見）萬華，萬華就是萬華人生活的地方；計畫所投入的一切，目標是讓萬華人參與，看見同一片土壤上的彼此，知道自己是誰。

有趣的是，許局長將「在地生活」想法連結了

上｜圖11.1
爭取劃設公園的歷程帶動萬華地緣一連串社區參與環境改造的風氣。

下｜圖11.2
時任北市社會局局長的許立民責成跨局處共同推動艋舺城市博物館。

悠遊卡公司電子支付的觀念，所以艋舺城市博物館二〇一八年的啟動經費，是由悠遊卡公司提供，這為後來艋舺的城市博物館埋下很大的伏筆。經過那年實作，艋舺城市博物館三部曲的導覽、市集、展覽，演化成「艋舺城博」店家識別、「艋舺生活節」市集、「艋舺護照」發行三項重點，彼此互為支持與展現。無論活動或論述，談的都是在這片土壤上的生活。

艋舺護照：自己家鄉文案自己寫

貫穿時空軸，至今仍持續發力的「艋舺護照」，是從艋舺城市博物館「導覽」活動發想而來。我們希望提供在萬華走動、生活的人人手一本小冊子，使得大家更能參照、閱讀萬華，看得更深、更廣。「艋舺護照」的採集編輯出版，來自「萬華社區小學」（即作者的公司）與萬華社區大學「艋舺傳奇」編輯採訪社的合作夥伴》關係。《艋舺傳奇》是社大自二〇〇六年起發行的社區刊物，內容由社團師生自主討論共採共編而產出，多年下來累積萬華時事議題的觀察與紀錄。

在確立有資料庫做後盾以及有社團指導經

圖11.3
首次的寫手說明會在剝皮寮歷史街區中召開。

「艋舺」是台北萬華行政區的一部分；現時的「萬華」則包含清朝老地名的艋舺、下崁庄、加蚋仔，以及日治時代興起的西門町、南機場。從我們所採集廣度來看，應該是「萬華城博」才對。但符合了真實地理範圍合理性，寫手卻反而沒有那麼大的認同和連結感。這可是有關於集體行動的初心與動機的要事呢！

最後我們還是共識採用艋舺城博，認知我們正在為台北萬華做一本「艋舺護照」。我們認為，淡水河邊的艋舺是台北的起源；我們從原點出發，走進、分享這片土壤和萬華這個城市。在歷史的時光裡看見人們親身生活、參與而撐開城市發展的脈絡，有著台北無法抹滅的獨特城市定位。

艋舺護照之後

艋舺護照一如寫手們最初設定的終點線，在二〇一八年九月二十二日面市了。為了搭配護照的使用，我們串聯裝機悠遊卡、提供電子支付的萬華店家們聯合行銷，「艋舺護照」那年成為萬華街頭咖啡店、小吃餐飲店、青年旅館都可以免費取得的家鄉刊物，也在萬華文創場館如龍山文創基地、剝皮寮歷史街區、新富町文化市場等開放場館的櫃台可以免費索取。出乎我們預期的，在我們將護照發行消息正式通知萬華十一所國小、三所國中、二所高中之前，已陸續收到學校師長、家長會詢問電話，希望索取發給學生，於是艋舺護照除了是旅客眼中的遊逛資訊、店家可用以聯合行銷的工具書、政策出版刊物之外，也成為在地學校鄉土教育的基本素材。

有了這次「自己家鄉的文案自己寫」的經驗，我們進一步在二〇一九年與台灣維基協會合作，發起「維基導遊wiki voyage」的書寫行動，將紙本出版移轉到全球網路，借用前人建構的資訊系統，讓地方發聲。這次吸引到更多地方耆老與年輕寫手的參與，完成「艋舺三月瘋媽祖」篇章的撰寫。很有趣的是，我們發現科技落差並不是書寫萬華的課題，反而是一股吸引力。萬華人好熱切想說出自己的故事讓全世界知道！

同時，艋舺護照也成為社會創新行動的教材。二〇二〇年台北仁濟院與萬華社區協力聯盟主辦「文創門市人員培訓工作坊暨公益快閃門市」，串聯弱勢就業與萬華文創，行動宗旨在於「培力」與「連結」，艋舺護照意外成為學員進到文創店裡擔任店員前，深入認識所販售

上｜圖11.4　艋舺城博護照。
下｜圖11.5　艋舺城市博物館地圖。

產品店家的隨手教材，和可用來向客人展示說明的道具。雖然字很小，但目錄索引一百個地點讓學習文創的學員，以及在萬華文創消費的客人，都有能看見萬華細微與整體關聯的篇幅頁面。

社區關係：中心、去中心

艋舺護照寫手們在二〇一八年八月十八日「艋舺生活節」市集舞台上，從市長手上獲得艋舺城市博物館紀念悠遊卡，作為行動留念。寫手們歡欣鼓舞踴躍出席，倒不是因為可以跟市長同框，而是紀念自己的熱血付出，高度就是如此；城市因為我們而有了不同，有了一本艋舺護照，城市博物館就是我們的認同。

同場感謝儀式中，艋舺清水巖祖師廟主委周昇平醫師也上台接受市長感謝。因為艋舺護照的印刷出版發行，全額由祖師廟贊助。周主委說，艋舺是他的家鄉，雖然從繁華沒落過，但現在有了很好的轉型，他願意出錢幫忙好好宣傳。大輿出版社位在西昌街，社長周宇廷是周昇平醫師孫輩家人，義無反顧承接艋舺護照的印刷工程。因為發行人我是第一次執行的菜鳥，排版工作疏漏極多，大輿出版社專業人員仍極耐心陪伴協助，完成了據說一般業界時程上幾乎不可能的任務。周宇廷社長伉儷也在艋舺生活節擔任公關接待，跟艋舺寫手、社區志工一起工作，向來賓帶路、簡介活動特色。

那一年，艋舺城市博物館的串聯運作，讓萬華人與人的連結，自然而具體展現出畫面。參與、平等、網絡，因為共同願景、可及的活動，讓居民「相織」起於一本小書，過程中並且慢慢「相知」，構成新的社群關係。像萬華這樣的老城區，過去社區關係少了科技網路、共同願景的幫忙，是傳統一圈圈的人際圈，中間交集的只是少數頭人；如今，社群網路讓人際圈擴大了，交集處也更多元，繼而跳出的是社區議題與多數人們的夢。

網絡裡的個人

後來，萬華社區大學公民週與艋舺城博合作，邀請了艋舺寫手、護照店家老闆參與系列課程講師群，好幾位艋舺城博「共構者」展開了人生第一次公開演講、導覽的工作。兩年後，也有寫手以二〇一八艋舺城博為題，產出碩士論文。作為店家識別的艋舺城博燈箱，在隆昌街、東園街、昆明街、大理街、貴陽街上的各個性店家亮了好一陣子，最後終究熄滅，回到日常。但每位共構者連結織起的網絡，不會斷裂，成為加諸各自身上的支持力量。

有寫手協助自己居住里的新任里長擔任臉書粉絲頁小編，時常分享文化、社造、市政相關訊息。也有寫手後來成立自己的粉絲頁「萬華附近走走」，成為網路世界萬華多元樣貌的一環。護照美術編輯依舊專注在自己的咖啡店兼藝廊小空間「心起町」，對寫手鄉親而言也多了一處探訪停留的美好場所。經營「南萬華的日常」臉書粉絲頁的版主，在維基導遊撰寫行動中一起查閱萬華老地圖、學習維基語言，一起豐富萬華的社群版圖。華江高中畢業寫手在書寫過程結識了多位要稱呼「大哥」的鄉親前輩，在大哥帶領下認識了更多萬華節點和人，至今地方消息聯絡不斷。屬於長輩級寫手的「艋舺好食在」臉書社團版主，是家有貿易史的「顏恆德商號」第三代，在護照出版後認真誠懇提出「吐臭」大會建議，協助詳細指出需校正勘誤之處，對品牌的愛護之情不言可喻。

二〇一八年九月許立民局長離開台北市政府社會局職位之後，艋舺城市博物館公私協力、公民參與的模式也告一段落。台北市政府決策轉回以公共採購招標模式進行，並將專案名稱改為「萬華艋舺無圍牆博物館」，是活動、展覽為主結構的採購案。於是「艋舺城市博物館」暫時闔上書頁，或許醞釀著下一次的打開，也或許已永遠開展，被翻頁，被閱讀，被書寫，在某人某處我們或許看見（或看不見）的地方。

疫下的艋舺城博

疫情當下，萬華人承接了三層壓力，既擔心身處熱區染疫高風險，也直球應對媒體輿論的歧視霸凌，更要面對疫後重生翻轉的壓力。但我們人與人的連結，發力依舊。曾參與二〇一八年艋舺護照的寫手，有的發起「萬華老城咖啡香」第三屆，逆勢團結行銷並發起感謝醫護的聲量；我自己則以社區規劃師經驗與專業背景，響應黃珊珊副市長發起的便當防疫無接觸外送計畫，建構「萬華社福便當」行動，從二〇二一年五月二十一日到八月十六日之間，送出萬餘便當，其中寫手創辦的「福喜商行」也有捐助便當；經營粉絲頁的朋友積極分享疫情正確的衛教資訊。

圖11.6
疫情中的萬華社福便當。

艋舺城市博物館當初的目標，是萬華人人能參與、能認同的在地生活；疫情衝擊，我們看到彼此不只依然能動，而且更加團結起來，撐起萬華不再傷痛。艋舺城市博物館裡，我們也看見艋舺人有著呼應台北城市原點的精神動力。我是萬華人，我是艋舺人；我們相信，我們一起站在這片土地，因為有我們，而擁有轉化危機再生的力量，讓萬華老城，擁有迎接新轉機新生命的集體韌性。

1 參考資料施承毅（英國萊斯特大學博物館學博士）http://www.urstaipei.net/article/3135（二〇二一年十月四日引用）

12

左鎮慢路：一段大學與社區學習協力的旅程

張秀慈——文

張秀慈——國立成功大學都市計劃學系副教授，專業跨建築、都市設計、都市計劃與公共政策，但始終記得大學接觸社區營造的那份悸動。在校園及南台灣的城鄉之間遊走，最終落腳成為惡地山村的關係人口。喜歡爬山、動手做和與人工作，希望能從府城出發，為自己也為他人客製一條手作步道與協作之路，一起用雙手雙腳認識這片土地的美好。

教戰守則

- 走入長輩生活的家與鄉村地景，會帶出比便利貼和地圖更多的資訊與感動。
- 夥伴關係經營先行於社區空間營造，一群人做伴，可以讓你走得更長更遠。
- 不寫計畫申請經費也能協助地方再生，串接日常工作生活資源，才是王道。
- 連結自身需求才是永續經營社區之道，你我都可以是地方創生的關係人口。

這是一個關於偏鄉發展的故事，也是一群大學工作者學習與社區協力的歷程。故事的起點，是從台南左鎮公舘社區開始，一個與高雄月世界同處於青灰泥岩惡地形之台南山村，如何從偏鄉服務對象，轉化成為大學及社區夥伴關係實踐基地之經驗分享。

我們與惡地的距離

左鎮區位於台南市東南方，離市區約半小時車程，被認為台南最貧瘠的鄉村地區之一。人口外移嚴重，面臨超級老化及無子化的狀況，總人口不到五千人。惡地形之青灰泥岩地質，形成易崩塌丘陵地形及高鹼度的土質，加上自來水水質水量保護區之劃設，產業發展受限，就業機會缺乏。在南左鎮，學校、衛生所和警察局等重要公共設施也因此陸續關閉；北左鎮則因臺20線南橫公路、臺84線東西向快速公路陸續開闢，這裡過去曾是進入台南山區經濟交

上｜圖12.1　左鎮二寮觀日亭上所見的惡地形及壯闊雲海（傅鈺崴攝）。

下｜圖12.2　在願景工作坊中，討論成果展現對於社區發展的期待（張秀慈攝）。

通中繼站的鎮中心，現在卻成為全台少數沒有便利商店，宅配服務無法到達之行政區。

這個外界看來處處缺乏的地方，卻是一個擁有豐富歷史、文化及自然資源的鄉村地區：在考古價值上，曾經被認為是台灣的最早史前人類之左鎮人及陸象化石，就是從左鎮出土。位於南左鎮之二寮，有全台最知名的低海拔日出及雲海，搭配風景壯闊之惡地形，每年吸引了超過地方總人口數倍之遊客（圖12.1）。文化上，左鎮擁有全台南比例最高的西拉雅族群人口，有太祖祭祀或結合八音的基督教宗教儀式。惡地獨特之地形地質，也促成獨特的農牧業發展，農作物生長速度緩慢，產生富有微量元素之獨特營養、質地及味道。

在此社會經濟、自然環境、歷史文化的議題上都充滿張力的偏鄉場域，在需求與資產之間，如何可以從地方再生議題加以回應？鄰近左鎮車程不到三十公里的研究型大學，在社會責任、社會實踐、城鄉治理的當代思維驅動下，又應該扮演什麼角色？

看見惡地願景

成功大學與左鎮的相遇，始於二〇一三年科技部人文創新與社會實踐計畫。成大人文社會科學中心以「健康平等與社區增能」為主題之提案（後稱「人社計畫」），在四十所學校中脫穎而出，選擇台南地區不同類型之城鄉社區進行實踐，而左鎮公館社區為其中之一。帶著計畫資源、頂著頂尖大學的光環，抱著實踐與改革的思維進入社區場域，一開始卻不如想像中順遂。計畫初期在如何進入社區、找到實踐的切入點就已面臨諸多挑戰；在投入相當的時間與努力，嘗試與不同組織建立關係之後，最終才透過教會課後學伴、社區高齡關懷以及國中科技教育，找到社區需求對接的窗口，而開啟了一系列透過服務學習，媒合跨領域師生進入惡地左鎮的系列行動。

大學進入偏鄉，在初期花了更多時間在如何認識地方、理解議題、建立人脈，以及與地方組織進行磨合，這些過程離解決問題、提供服務仍有一段路。這樣的體悟，其實來自於我個人二〇一六年一門社區規劃主題選修課程的開課經驗，該課程的目的在為左鎮公館社區發展擘畫願景。相較於市區的社區，山村公館之於師生而言，在生活經驗及心理上都有一定的距離，直到學期中一場三天兩夜的工作營，透過人社團隊和社區夥伴帶領下，才有機會深入社區。

三天兩夜的工作營中，有兩件事讓人印象深刻：其一，是當時任社區總幹事的陳柳足女士，總是在夜闌人靜仍留守社區加班，在無意間的聊天中，提到農村再生政策對社區的影響。以散村為主的公館社區人口稀少，但幅員廣大，當時為能獲得農村再生社區的身份，社區範圍必須涵蓋整個南左鎮，方能達到法定的人數門檻，申請過程也必須動員岡林、草山、二寮三里之里民來參與培力課程。但在獲得農再計畫補助之後，審查委員須以效益考量出發，使計畫資源投入人口較為集中的岡林里，資源無法有效分配至他里，因而導致社區間之嫌隙與分裂。立意良善的政策，卻因社區特有的地理及人口狀況而產生負面影響。

另一件印象深刻的事，是師生在面對工作坊滿牆的便利貼中，看見相較於資源不足，社區有更多待解決的結構性問題。地方人口外流，除了都市化、工業化的拉力之外，處於自來水水質水量保護區，無法持續以放牧業維生，加上公有產權等議題，讓產業發展不易，這些推力讓公館社區的人口外流、人口老化在全國名列前茅。三天兩夜的工作營，讓我們更真實貼近這些地方長久面臨的社會現實，直接與社區的對話更讓課程師生感到焦慮。第一，我們相對擅長的實質空間規劃，多屬於建設導向、規範性的工具，如何在百廢待舉的地區使力？第二，如果不做空間規劃，我們能為地方做什麼？第三，在這個人口外移嚴重的山村裡，社區真正的需求是什麼？在已廢校的岡林國小操場上，師生們在各自的帳篷前圍坐著，我們不但沒有解決地方再生的議題，反而留下更多對專業的疑問。

而這些問題，有幸在課程結束後的一場社區願景工作坊中，獲得部份解答。這次人社團隊邀請了公館社區發展協會的三位里長、協會義工與長輩共同參與本次活動；在過程中，有一個便利貼畫面，讓我印象深刻：一個「黏」字（圖12.2）。公館社區原本即為散村型的農村聚落，在人口外移的狀況下，聚落空間及社會關係更為鬆散。加上農再計畫資源的分配導致三里間的嫌隙，因此如何讓社區再次凝聚起來，參與公共事務，是社區發展關鍵的核心。這鬆散的狀況，與惡地青灰泥岩地質的特性很相近，泥岩顆粒細小、顆粒間的膠結鬆散，很容易崩裂坍塌；但是遇水時，即形成綿密的不透水性層，做為土堤及農塘等公共建設之基礎。惡地社區的發展策略，似乎可以泥岩為比喻，如何找到一個介質，把大家凝聚起來，連結在地資產來解決問題，這對於規劃專業者而言，是一個重要的看見，也成為我們之後參與左鎮社區工作的目標。

尋找古道

地方古道主題的浮現，源自於二〇一五年

另一門人社計畫的課程——「人道建築的在地實踐」，由建築系簡聖芬老師開授，這門課程當時以土角厝紀錄保存為目標，過程中有機會至草山里訪談曾經參與土角厝構築的車姓部落長輩，師生除了學習到聚落如何群策群力、共同構築土角厝的故事之外，另一個在訪談過程中浮現的在地集體記憶，是長輩幼時拿著火把走路上學的故事。在日據時期，左鎮區最早設

上｜圖12.3
學生與社區關懷據點長輩對話，透過工作坊盤點古道及地方主題故事（張秀慈攝）。

下｜圖12.4
耆老領路尋找消失的古道路徑（傅鈺崴攝）。

立的學校，為設立於一九二〇年，如今已廢校的岡林國小。從車姓長輩的回憶中，當時草山尚未設立分校之前，聚落的孩子必須在天未亮時就拿著火把、赤腳行經惡地山脊、穿越溪溝，走數小時的路經過二寮來到岡林就學。這條串起草山、二寮、岡林的通學路，是不同社區長輩的共同記憶，也是當時聚落間的重要連結路徑，而在南171市道通車之後，這條人走的捷徑已不復存在。跟社區據點長輩提到這條通學路，在大家津津樂道之後，總是以「嘿嘸去啊」做為共同結論；但是這條在地景上消失的路徑以及火炬，卻越發引起了師生的好奇，也成為待續探索的主題。

二〇一七年，都計系師生再次透過課程參與左鎮社區工作而連結。立基於前次的學習經驗，這次我們嘗試以彈性較大、師生能投入較多時間實作之實習課（studio），並以資產導向的規劃取向（asset-based planning），規劃目標是將效益最大化、讓遊客停留時間拉長，深化觀光對於社區發展的意義，而古道則在規劃過程中再次浮現，成為學生規劃方案的關鍵空間策略。以觀光點二寮觀日亭為例，二寮與東側的地質景點，在既有道路路網下一直無法進行有效串連；而學生與在地農友訪談中得知，有條二寮與草山間的「水路」，後續透過歷史地圖比對，首次找到確切的路徑位置，並以這條古道串起了草山月世界地質公園整體規劃的網絡。類似的發現也出現在北左鎮的化石園區，透過歷史地圖的套疊與耆老訪談，學生找到一條現今殘跡所剩無幾的糖業鐵路，有機會透過糖鐵路徑來連結化石園區與左鎮老街，向東打開園區的腹地（圖12.3）。

為了讓古道規劃方案不只是「桌上畫畫，牆上掛掛」的發展願景，而是有機會落實的行動方案，在課程結束之後，我邀請了都計系研究生一起協力，申請了二〇一八年農村再生創新研究案，以行動研究設計一系列的演講、踏勘、工作坊、工作假期等活動，來持續探索推廣古道的可能性。其中一個行動，是以手作步道工作假期為概念，整合成大三門跨領域課程之田野調查工作。在社區長輩的帶領之下，學生與公舘社區協會夥伴披荊斬棘，嘗試尋回長輩口中消失的路徑，同時於沿線進行植栽調查、建築測繪、偏鄉醫療史主題之調查（圖12.4）。

在籌備行前活動的過程中，教師與社區夥伴透過古道踏勘走進不同聚落社區長輩的家，透過訪談互動進一步發現，二寮草山間的古道不僅是通學路，向南向東延伸，亦是聚落間通往鄰近龍崎、內門的產業道路、朝聖之路。一位住在二寮本部落的女性長輩，在熱心為我們引路時，提到這條路曾經是她到溪邊洗衣的路，編好畚箕去賣的路；而每年過年，男性是沿路舞著宋江陣帶頭、她（女性）背著孩子尾隨在後，整個聚落一行人跋山涉水，前往內門紫竹寺參拜。而類似的朝聖故事，後續更是在社區基督徒長輩的口中重複聽到，當時在左鎮岡林尚未建立教會之前，信徒每週日必須帶著火把摸黑翻山越嶺、前往高雄內門木柵教會進行主日禮拜。依著古道線索拉出的在地記憶，或是個人或是集體，都讓當時聚落生活的輪廓越發清晰，重現在惡地的地景之上。

談到古道系列活動的效益，社區前總幹事柳足分享，從她長期投入社區文史調查的觀點出發，這些長輩口中消失的路，是一條「刻在心裡的路」，代表著生活記憶與生命歷程。她回饋說：

「當老師說，我們一起來試著找回古道時，

我充滿了興奮，因為常常聽到長者提到這些已經消失的路徑。從來沒有想過有一天，有人會來幫助我們走出第一步，讓這些古道再現。成大給我勇氣嘗試並踏出這一步，這種做伴，對社區很重要。」

透過籌備活動，柳足也藉此有機會走入長輩家中，發展不同於傳統固定據點的社區高齡關懷模式，不管古道再現與否，對地方都有莫大的意義。而長期投入人社計畫、關心健康促進與不平等議題的翁裕峰老師，在活動後回饋，他認為古道策略相較於過去單一課程的單點活動，這次一起深入走入長輩熟悉的場域，邀請長輩帶領拓荒踏勘，對大學與社區有多面向的意義，古道可以是大學社會參與的空間載體與跨課程合作的平台。這樣的旅行模式，也有機會讓長輩化身為地方導覽員，在熟悉的環境中進行跨世代的對話與傳承，對於在地高齡者身心健康，有著潛在的福祉。

而參與一系列課程發表及古道活動的返鄉青年賴政達也提到，特別在左鎮這樣一個高齡化的地區，古道是一個能與在地長輩有許多共鳴、社區參與度高的的主題，古道提供了讓參與者對在地歷史有感的空間體驗，相較於單點的空間營造，線性的古道也有選址上的彈性與豐富的故事養分，容許不同社區與部門計畫的參與與發展。放在左鎮各個社區，這些以前的路都能開啟對話與想像空間。藉由大學課程、古道做為平台，左鎮也連結了來自西拉雅國家風景區、千里步道協會的關注，也回過頭讓地方及公部門長官，開始關心這些在地故事的價值。

圖12.5
在地方文史工作者帶領下，藉由古道走出不同的觀光模式（傅鈺崴攝）。

從古道邁向文化路徑

二〇一九年五月，左鎮化石園區於擴建後重新開幕，成為台南觀光的熱門景點，湧入大量觀光人潮，但觀光經濟效益多集中於園區內部，對鎮中心發展助益有限。在公館社區的邀請之下，成大有機會將學生二〇一七年在化石園區的規劃構想再度端出檯面與區長討論，也將在南左鎮的古道行動跨區實踐，希望以糖鐵路徑作為軸帶，來串聯北左鎮的化石園區與兩公里外的左鎮老街。如何在財務資源有限的條件下，不投入大量建設，而以地方故事為基底出發，以路徑串聯既有景點？遺產旅遊（heritage tourism）便浮現成為此軸帶發展觀光的策略。

具有西拉雅原住民血統，目前擔任菜寮溪產業觀光發展協會理事的茅明旭先生，在一場課程發表中，提出了「左鎮慢路」的概念，透過成果發表中與會者的共同討論，凝聚出「從硬體轉軟體、化無形為有形」的規劃原則。他反思目前過於速食的觀光發展方式，希望藉由古道發展線性旅遊，放慢腳步，讓地方旅遊模式更多元化，讓歷史有更多元的活動去搭配；更期許能藉由觀光的手段來進行文化保存，透過觀光讓地方青年傳承文化、認同在地而留鄉（圖12.5）。這些過去連結聚落的生活生產動脈，隨著交通模式改變，定位逐漸消失，但是其中乘載的空間網絡及集體記憶，卻有機會讓既有看似零散的景點展開時空向度，讓觀光有機會與在地資產連結。

雖然二寮草山間古道的再現，在地質狀況、景觀價值、維護管理等諸多考量，加上地方首長更迭影響，至今尚未落實，但透過各種行動促進參與，以古道為概念進行區域串聯的實踐社群[1]，已從社區、大學拓展至中央地方之跨域組織。以北左鎮的糖鐵古道為例，過往被視為兩個獨立的農再社區（光榮社區及左中社區），藉由糖鐵連化石園區及左鎮老街的驅動力，整合為水保局台南分局農村再生之區域亮點軸線，透過舊車站公共空間改善，連結山海屯社會企業進行老屋活化與地方創生，讓左鎮老街改造逐漸形成群聚效應，形成產官學合作之實踐案例。而南左鎮的二寮草山的古道，則藉由朝聖故事串起穿越台南及高雄惡地形的湯姆生／馬雅各之路，透過十九世紀末的西方旅行者及傳教士的眼光，促成內山地區之社區觀光協作社群，並重新將左鎮之文化遺產置入區域發展的脈絡中，體現平埔族群西拉雅在宗教信仰及地方發展重要性。在區域夥伴的共同努力下，二〇二一年底文化部正式以「台灣多元族群文化路徑」為名，指定湯姆生／馬雅各之路為台灣文化路徑之示範路徑之一，體現該古道作為國家級文化資產的價值與意義。

藉由古道、遺產開展出尊重在地資產、與在地共學的規劃取向，也反映在學生的學習成果上，一位參與遺產旅遊方案的研究生，在期末訪談以「化石」比喻左鎮珍貴的人事物，就如同地下的寶石般，等待被挖掘發現；而長輩的生命韌性及地方工作者的長期耕耘的背影，也在不知不覺中，成為學生的學習典範。相較於規劃或學習成果，成大與社區「做伴」的默契，是一個更重要的獲得，古道實作也透過課程，延伸至大學校園的其他活動：包括協助公館社區將社區供餐轉型為外燴產業，推廣惡地特色至國際研討會，為地方增能賦權。

惡地認養

回首一路來的參與經驗，與其說成大透過

計畫解決了左鎮的問題，更重要的是集結了一群願意走出校園的師生及專業者，在校內及校外，建立一個關懷地方的實踐社群。透過課程，嘗試一系列的跨領域教學與社會方案實踐；藉由結合參訪、工作坊、共同授課，以經驗學習的方式，讓師生有具體經驗、反思觀察、抽象概念、行動驗證，逐步形成彼此共學成長之機制。在國家政策的支持下，許多大學師生已走出校園，著眼於在地連結的人才培育，與地方共同解決問題、尋求創新。但是大學的專業如何與地方議題對接，透過策略點來規劃行動，其實是一門學問與藝術，身為大學專業教育工作者，有以下三點心得：

第一個心得，是體現空間在社會參與及地方再生的重要性。在跨領域專業參與社區事務之後，以產業發展、高齡關懷、地方教育等多元主題豐富介入實踐的手法，但也間接弱化了傳統以空間為主體的社區營造方法。藉由左鎮案例，有機會再次展現空間的力量與意義，以古道為例，它展現一個線性空間作為鄉村社會參與、歷史連結、區域對話的載體，透過空間來進行串連，成為將在地社區與跨域社群「黏」在一起的介質。作為鄉村公共空間的一部分，我們有機會善用古道作為連結社會、自然與產業空間的特色，作為空間策略來設計社區參與。此外，透過古道來連結活動、景點及聚落，個別社區方有機會跨越地理疆界，發展促進區域合作與建立夥伴關係的可能性。

第二，是發展常態資源串接的設計能力。在過去八年的經營下，惡地成為成大的另類校區，是鄉村學習與跨域實踐之基地。我們從偏鄉服務、解決問題的態度，進而形成平等互惠、永續陪伴的夥伴關係。在此歷程裡，我們看見行動的重要，透過不同的課程及活動設計來進行社會參與、方案實踐與關係經營，也透過實踐來評估修正，找到更合適地方發展的解方。如何在計畫補助抽離之後，有創意地整合運用周邊現有的資源，來對接每個行動都需要的人力、物力、財力，是需要被設計的。身為一位大學工作者，教學、研究、服務、輔導是工作職責之所在，也是資源之來源，如何有效地整合大學生態與社區營造，透過校園活動長期經營與社區之關係，乃是大學參與地方實踐永續經營的根本。

第三個心得，是分享一個「認養地方」（Adopt a Place）的概念。在國外經常會看到一種路牌標示寫著adopt a street, adopt a highway（認養道路），認養概念的背後，其實代表著每個人對於地方、環境的關心，都有一份應盡的責任與義務，透過行動來建立與地方的認同感與歸屬感。在左鎮惡地的這一段學習過程裡面，成大師生在專業上嘗試找尋一個新的城鄉關係與區域協作策略，在個人發展上，我們也為自身找到一個心靈的新故鄉。地方創生所強調關係人口之建立，毋須捨近求遠，每一個在地大學的師生，都是地方潛在的關係人口，成為未來地方再生的動能。

台灣三六八個鄉鎮，如果每個專業工作者、每位大學師生都認養一個鄉鎮，用他／她的專業、時間來陪伴，我們相信，台灣會很不一樣。

致謝

感謝國立成功大學人文社會科學中心透過科技部人文創新與社會實踐計畫的開路：翁裕峰老師在地方的長期堅持與陪伴，為後續大學的在地實踐工作，存下相當可觀的人脈網絡與社會資本；方雅慧老師將成人教育理念導入大學工作，連結文化事業學會（Institute of Cultural Affair, Taiwan）資深引導師費樂理（Lawrence Philbrook）及團隊之專業，為大學與地方之對話參與協作歷程，推開了一扇賦權之窗；感謝成大楊中平、簡聖芬、黃偉茹三位老師多年來的跨領域、跨課程合作，惡地協作USR老師們的接力，以及左鎮區國中、國小校長及社區組織夥伴的長期做伙，很榮幸能跟大家在這條左鎮慢路上同行。

1 Community of Practice，簡稱CoP，係指一個關心特定議題或主題，聚集起來藉以實踐個人或集體目標的社群。

相關連結

岡林國小與通學路影片（一〇四學年度「人道建築的在地實踐」課程成果，簡聖芬老師提供）
https://www.youtube.com/watch?v=-t4TCSUL1TU

左鎮慢路影片
https://www.youtube.com/watch?v=Ok1_Vc3GdAA

惡地協作部落格
http://cobadlands.blogspot.com/

岡林國小與通學路影片

左鎮慢路影片

惡地協作部落格

平均海拔約四百公尺，屬於盆地地形，年均溫約攝氏二十度左右，是相當適合人居住的城鎮，吸引許多族群遷來此地棲息定居，逐漸孕育多族群文化（山地與平埔原住民、閩、客、外省、中國少數西南民族、東南亞新住民）。此外，也蘊含許多豐富的自然生態資源，以及珍貴考古遺址（如水蛙窟、大馬璘等）。這種兼具自然與人文特色的城鎮資產，一直是埔里鎮的內在發展優勢。

然而，如同台灣許多其他社區，埔里也面臨著不少挑戰。出身報導記者且擁有敏銳社會觀察力的新故鄉廖嘉展董事長，在《新故鄉雜誌》第三期〈陷落中的蓮花？〉一文中開頭即指出：「……埔里聚合了自然與人文的精華，在層層的遞變下，這番山光水景是否長遠無憂？五十年來，她和台灣許多鄉鎮一樣，生態漸漸被破壞、社會問題叢生、政經教強權興起〔…〕埔里的花顏，面臨怎樣變臉的未來」？[2]地方文史工作者更指出：埔里長期以來嚴重缺乏更大發展視野與包容心的生活意識，此含括政治、經濟、文化各方面的秩序（廖嘉展，1999：43）。面對這樣的現況，歷經一九九九年九二一地震的衝擊，地方開始有些改變。

地方夥伴：國立暨南國際大學

綜觀各國地方治理翻轉經驗，除地方自治體內部變革，外部公共社群的社會力參與，也是驅動地方邁向「創能型治理（Enabling Governance）」重要關鍵力[3]。位處埔里地區的國立大學，肩負「強化人才培育、平衡區域發展」辦學目標的國立暨南國際大學，在追求各項專業學術研究的同時，能否與地方公共社群進行協作，發展以大學作為引導的學習型城鎮，是長期以來地方公共社群對暨南大學辦學的期待。

從參與陪伴與協助九二一地震災後重建經驗中，暨大師生深刻感受到，地方公共事務的推動不僅是一項社會服務，更能從中獲取豐富的教學與研究素材。另一方面從地方參與的過程中也發現到，過去的計畫因屬輔導導向，導致各社區經常隨計畫結束，專業社群撤離後，回到原始點停滯不前的狀態。面對這個現象與問題，曾參與九二一地震重建工作的暨大教師與地方公共社群領袖開始思考，在地的大學可以做些什麼事情？於是浮現「大學協力地方發展資源中心」的構想。

圖13.1
暨大水沙連人社中心邀請台南市金華社區柯崑城里長至「埔里研究會」，進行「打造宜居社區經驗」的專題演講。

化危機為轉機

擁有優越環境資產的埔里，如何有效維護地方自然與生活環境品質，營造宜居城鎮的內容，存在許多挑戰。二〇〇六年埔里鎮公所配合交通部觀光局「觀光客倍增計畫」，推出「Long Stay」(海外長期居留）計畫，吸引日本退休老人家至埔里來居住。然而試辦之時，礙於生活習慣、語言隔閡、街區交通混雜、垃圾亂丟、狗屎清潔等居住環境問題，地方飽受第一對移居埔里的中村夫婦嚴厲批判，衍生「中

表13.1　2014年「鄰里街區環境清潔營造培力」計畫後各社區與暨大的合作方案

單位	參與類型	提案名稱	與暨大的延伸性合作方案
成功里	街道認養	成功里街道認養計畫	1. 與暨大通識教育中心的「自然保育課程」，發展出石虎調查、環境教育場所的規劃設計。 2. 與暨大合作探討鍾靈國小廢校的活化課題。
南村社區		搖滾掃帚，手護社區	1. 與暨大不同系所服務學習、通識教育課程合作，推動空間營造、社區文化導覽、老人照顧等活動方案。
虎山社區		親清埔里－花現幸虎	1. 與暨大通識教育中心課程推動虎山社區的社區資源調查、社區環境改造方案。
福興社區（里）		能高瀑布空地綠美化	1. 里辦公處與社區發展協會合作 2. 與暨大人社中心、教育學院院學士班合作，推動社區兒童課業輔導班。
泰安里		泰安里環境美化計畫	1. 暨大於社區內設置「厚熊笑狗」社區老人關懷據點，推動創新型的社區關懷活動。
南門里		斑馬線上的蝴蝶	1. 與暨大推動「埔里舊台電營業所」的保存與拆遷議題討論。 2. 暨大於里內社區R立方學堂，辦理各項學習講座活動。 3. 策劃埔里第三市場的友善市場計畫。
籃城里（社區）	綜合類	社區環境整潔維護與改造	1. 環境營造的行動方案包含：空地美化、蝴蝶棲地營造。 2. 里辦公處與社區發展協會合作。 3. 與暨大人社中心合作「社區廚房、社區公田」等活動。
蜈蚣里（社區）		社區環境整潔維護與改造	1. 環境營造的行動方案包含：街道認養、蝴蝶棲地營造。 2. 里辦公處與社區發展協會合作。 3. 與暨大人社中心合作環保社區、噶哈巫平埔文化振興、與科技學院合作鯉魚潭自然生態解說員訓練、通識教育中心合作社區防災等方案。

資料來源：本文整理。

村事件」，嚴重衝擊埔里城鎮形象。雖然埔里鎮公所推動一個月一次大掃除，可惜二〇一一年環保媽媽基金會根據「公共空間有無大型垃圾、廢家具、飲料杯、小廣告以及公廁整潔度」等項目針對全臺一百一十五個鄉鎮的環境進行評比，埔里仍被列為全國三個最髒亂鄉鎮之一[4]。

危機即為轉機！此評比事件重新引起鎮公所與鎮民對於城鎮環境營造的重視，為暨大人社中心於公所擺攤協力基層意見領袖開啟契機。為洗刷「全臺最髒城鎮」負面印象，埔里鎮公所二〇一一年發動五百名志工配合鎮公所清潔隊打掃街區環境，鎮長也透過廣播呼籲家家戶戶「自掃門前雪」，惟整體成效有限。究其原因：(一)短期性的口號式清掃行動，對民眾的認知行為影響有限；(二)行動誘因不足，未能形塑城鎮環境清潔的風潮。

鑑於公部門運作結構限制，二〇一三年時任大埔里觀光發展協會茆晉(日牂)理事長發起Feeling 18員工環境清潔日，同年十月五日偕同埔里鎮公所、山明獅子會，舉辦「我愛埔里：世界清潔日」活動，選出十四條路線號召十一個民間社團參與街道認養的清掃計畫[5]，並提供早餐與作為誘因。活動期間，Feeling 18茆董事長更宣布於二〇一四年將以半年為基期，每半年捐贈六十萬元給予埔里鎮公所，作為埔里鎮公所改善鄰里街區環境所用，以鼓勵埔里各里舉辦環境清潔評比競賽。

只是這個構想一提出，即引起若干地方人士擔憂，深怕受限於公部門法規、人力與行政限制，成效將不如預期。另方面，Feeling 18推動的埔里環境清潔運動，部分里長觀察指出：「里辦公處的志工團隊平日清掃不曾有早餐，為何獨厚公共社團？」。其次，為何環境清潔競賽，僅有里辦公處可以參加，而排除社區發展協會？畢竟過去部分社區發展協會對於社區的環境清潔也相當投入，但卻無法以社區發展協會的名義參與環境清潔競賽。面對疑慮，Feeling 18與地方社群夥伴輾轉構思新捐款如何使用的其他可能性。二〇一三年初即投入地方公共事務的暨大人社中心，在此時被列入合作對象的考慮。

為了鞏固與延續基層鄰里社區領袖對於環境營造的關注度，並轉化為社會行動力，暨大人社中心除協助埔里鎮公所成立「埔里鎮社區營造願景推動委員會」，也開始拜訪鄰里社區組織意見領袖。所謂「見面三分情」！藉由實地拜訪，除傾聽、理解地方基層意見領袖的看法，更重要的是拉近彼此之間的關係距離，瞭解彼此對於改變的期待與行動是否有共同想像。經過一段時間的訪談，暨大人社中心運用Feeling 18贊助的經費，以「社群協力、陪伴、培力」的操作原則，規劃含括：鄰里街區環境清潔營造培力（街道認養、空地美化、蝴蝶棲地營造）、鄰里街區環境清潔短片製作甄選、埔里鎮國中小校園參與環境清潔活動等三項工作計畫，期盼透過徵件、培力輔導的過程，藉以擾動社區意見領袖、社區居民，以及學校師生不同利害關係者的認同與共同行動。

其中，推動「鄰里街區環境清潔營造培力」的過程中，如何經常與社區意見領袖互動？曾任基層公務人員且熟悉地方公共事務的暨大職員提議，考量里長與社區發展協會里長們因公務需求，每日上午皆會進到公所洽公，暨大人社中心進駐公所提供諮詢將是一個好的方法。由於之前與公所的互動經驗，因而在埔里鎮公所民政課協助下爭取到一個辦公桌，暨大人社中心固定每週三上午派員進駐公所提供第一線諮詢服務。

在「鄰里街區環境清潔營造培力」項目中，「標竿案例見學」與「系列性社群學習課程」是下一步，營造大學與基層鄰里意見領袖之間的共工共學氛圍。課程研習期間，與曾在九二一地震後推動市區綠手指計畫的里長商議，策劃兩場「鄰里社區蝴蝶棲地營造」與「鄰里街區園藝花卉裝置藝術」實作工作坊，分別選擇兩個鄰里空間，邀請長期投入「大埔里蝴蝶王國」實務推動的新故鄉文教基金會與地方花藝工作室，透過講師授課與實作，讓參與的基層鄰里社區領袖透過「桃米蝴蝶棲地營造、南門里街區角落綠美化」兩個活動，累積做中學經驗。

另方面利用進駐公所機會，暨大人社中心除提供協助各鄰里、社區清潔環境計畫提案內容的諮詢，也趁機瞭解各鄰里面臨的問題，繼而輔導他們提出可以行動的計畫內容。其中較為印象深刻的一個案例是，位處埔里郊區某里，該里居民多為高齡且以務農為主，長期以來缺乏志工參與，只能單靠里長與若干居民的熱心行動。在此計畫中，里長希望可藉此經費採買吹葉機。在瞭解實際困難與需求後，暨大人社中心隨即協助里長勾勒「街道認養」的計畫內

圖13.2
暨南大學水沙連人社中心，在執行「2014年鄰里街區環境清潔營造培力計畫」期間，每週三上午固定派員前往埔里鎮公所，提供基層意見領袖計畫寫作提案諮詢服務。

圖13.3　埔里鎮廣城社區發展協會參與「2014年鄰里街區環境清潔營造培力計畫」，將閒置空地改造為社區菜圃，提供社區長輩認養種菜，同時活絡筋骨，實踐「老有所用」的生命價值。

長或社區友人提議，看看有沒有人回應，再來評估是否行動？過了一段時間遇到黃里長，他興高采烈說：趁著與鄰長們共同出遊的機會，向大家提出參與環境改造計畫的構想，沒想到竟然獲得鄰長們的覆議，太棒了！這個訊息為黃里長注入了相當大的信心。從這個故事我們深刻體會，鄰里居民之間對於公共事務的對話，是啟動鄰里社造關鍵火種。

在環境改造的提案中，大城里選定「空地美化」項目。黃里長認為：比起街道認養，社區的小公園許久未有人照料而漸漸荒廢，也經常被外地觀光客或在地居民認為是亂丟垃圾的最佳地點。經過初步的規劃設計，結合弘道老人福利基金會在社區內舉辦弘道國際微孝營的契機，策劃兩天的「再生大城里社區小

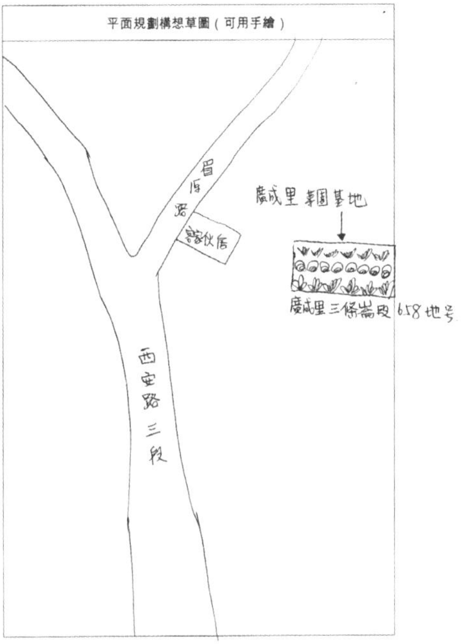

左｜圖13.4

埔里鎮廣城社區發展協會參與「2014年鄰里街區環境清潔營造培力計畫」，「社區菜圃」提案構想草圖。

下｜圖13.5

埔里鎮大城里辦公處參與「2014年鄰里街區環境清潔營造培力計畫」，針對小公園進行空地美化項目提案。

公園」工作坊，歷經雜草清除、涼亭重新換漆、植栽種植等工作，讓原本荒草蔓延的公園，轉變成清新優雅的小公園。令人感到振奮的是，小公園重新營造的過程中，有許多社區居民也從好奇轉而主動參與，且小公園完工後，不僅成為社區鄰里居民休憩的新據點，也短暫成為大城社區行動餐車聚餐的活動據點。

小行動，大改變：街區認養的觀察

在推動「鄰里街區環境清潔營造培力」計畫之前，埔里已有環保義工隊存在各里之中，例如隱身於埔里社區巷弄的五十甲社區。該社區原本只有行政里：泰安里，住民多為軍公教屬性，地方上並沒有社區發展協會的設置，直到二〇一一年才以地方舊名「五十甲」成立社區發展協會。協會成立之初，即發起五十甲環保義工隊，長期擔任此義工隊長的退休教師，王耀宗先生觀察：環保義工隊剛成立之時，報名人數看似踴躍，但隨著時間演進，最後出席且固定參與的卻僅有三分之一。雖然居民常常有自掃門前雪的心態，但這並沒有打擊志工們對社區環保的那份心！他們用行動已經證明了一個事實：「兩年了，十多條街，每個月第一個星期六的例行公事。」每月固定打掃的經驗，王隊長非常自豪地：「街道清掃不僅僅讓社區更加乾淨，居民們的感情也變好了！垃圾量逐漸減少，參與人數增加，這樣的狀況真的很令人感到開心。」

在此基礎上，五十甲社區利用本次計畫提案之際，希望可用「街長」的頭銜，提供給予每個月固定參與方式環保義工隊的夥伴一個身份與榮耀，另方面也希望可將每個月的固定模式，改以街區分段認養的形式進行轉型。從五十甲社區的案例中，我們深刻體會到，簡單的社區集體打掃活動，不僅存在外顯的環境維護功能，更重要的是具備凝聚社區居民情感的加值作用，同時讓社區長者之間可以有個身體律動的機會。這些現象與優點也在其他社區，諸如南村社區、溪南里、清新里、蜈蚣里／社區的街區認養計畫實施過程中獲得體現。

那些年從里長們那裡學到的事

誠如本文一開始所談，面對社會快速的變遷挑戰，位處基層第一線的鄰里社區組織，如何與時俱進蛻變發展，相關的培力與協力機制的建立，極具重要性。本文談論的埔里環境清潔營造運動，印證了這個假設。觀察過往的城鎮發展經驗，多數的大學通常扮演「學仕化」角色[6]，與基層地方發展存在一種不緊密的距離。然而，當地方鎮公所、企業、非營利組織，及鄰里社區組織等利害關係者，面對埔里環境清潔問題，亟欲行動改變之際，身為埔里一份子的暨南大學，採取入世學術思維，秉持「社群協力、陪伴、培力」的原則，透過埔里研究會、進駐公所提供諮詢、實際拜訪等方式，跳脫以往學術框架，走進地方與社區，傾聽鄰里社區意見領袖對於埔里環境問題的認知觀點、想法與行動需求，正是展現大學協力合作誠意，獲取地方信任的關鍵要法。

其次，藉由「跨社區的學習工作坊」設計，尋找相似背景的標竿學習案例，不僅營造出社群協力共學共工氛圍，也凸顯出台灣基層社會之中「面子」的重要性。再者，在街區清潔的行動過程中，賦予志工們「作『公』的名分」，如「街長」的角色，讓行動者獲得應有的尊重與地位，同樣也是觸動、維繫人們願意投入公共事務的關鍵元素。綜合多項的行動思維與策略，最終在埔里三十三個里之中，總共吸引十九個里與社區組織參與「鄰里街區環境清潔營造培力計畫」，掀起埔里一股環境營造的動能。

奠基在這個行動經驗之中，暨大從中獲取服務、教學、研究的豐沛養分，進而勾勒出打開學習邊界的「水沙連大學城」辦學構想。此外，也因這項密切合作的推動經驗，將暨大與地方的關係重新組織，嗣後埔里各鄰里社區組織遭遇地方發展課題時，願意主動聯繫暨大人社中心，提出他們的鄰里／社區發展需求並且尋求協助（詳如表13.1），這樣的大學與地方互動關係，並沒有因為「環境清潔計畫」的結束而終止，而是一直延續到現在。

1 張力亞、江大樹（2016）。〈基層民主治理的現狀與挑戰〉，收錄於王業立主編《台灣民主之反思與前瞻》（頁二八七—三一六）。臺北：台灣民主基金會。

2 廖嘉展（1999）。〈陷落中的蓮花？〉，《新故鄉雜誌》，第3期，頁三二—三三。

3 宋學文、吳英明、施惠文主編（2008）。創能型治理：看見南方新動力。臺北：商鼎數位。

4 「全國最髒鄉鎮 埔里人抗議 五百志工掃街」，http://key88.net/article34212.html（檢索日期：2014.1.6）。

5 江大樹、張力亞、陳文學、龔靖怡（2014）。〈地方治理議題探討的行動設計：以埔里研究會為例〉，收錄於江大樹、容邵武主編《大學與地方的協力治理：方法、議題與行動設計》（頁：六九—九〇），南投：國立暨南國際大學。

6 簡博秀（2019）。〈台灣的學仕化議題：建構在紳士化三個世代的研究〉，《台灣教育社會學研究》，第19卷第1期，頁九一—一四三。

全國最髒鄉鎮
埔里人抗議 五百志工掃街

圖 14.1
第一次社區說明會。

回溯到二〇〇六年，時任國家災害防救中心主任的陳亮全老師，深感科技研究在生活中應用的重要性，於是結合喻肇青老師、李永展老師等向國科會爭取了一個三年期的整合型計畫，分別以離島的馬祖南竿、鄉村的宜蘭三星、都市的桃園中聖等為實驗場域，期望能以社區營造的理念與機制，嘗試推動能落實於日常生活中的永續社區模式。堪稱是當時很少見的「沙盒」（sandbox）類型的實驗計畫。我與當地銘傳大學的董娟鳴老師在李永展老師的指導下，進入屬於都市型的桃園市中聖里社區開始三年的研究應用工作。

桃園是一個標準的「移民城市」，超過六成的居民是由外縣市移入。因此社區認同感的塑造與共同意識的凝聚，就成了讓這群由四面八方移入的「新」住民，能夠安心地把「他鄉作故鄉」，一起打造永續社區的重要關鍵。而取得居民對於執行團隊的信任與建立居民間的互信則是啟動計畫的第一步。所以，社區居民在與團隊初次接觸時的提問，讓夥伴們立刻警覺到，過往研究計畫的操作方式顯然要做大幅度的調整。社區的生活才是計畫的主體，居民的參與是推動的關鍵，以及在計畫結束團隊撤離後的可持續運作，才是計畫成敗的真實檢驗指標。因此，經過幾次與社區組織及居民代表的討論後，共同確認了從居民自覺性的學習開始，而能自主性設定工作標的，以及自發性的行動操作的核心策略。希望以漸進的社區自我學習成長，打破傳統過度依賴執行團隊與民眾參與度低的魔咒。

權利、義務、責任的全程學習

「王老師，你們接下來要做什麼？」

「董老師，這個我們不懂啦！你們決定就好！」

計畫開始執行的前半年，跟過往的計畫操作經驗一樣，社區居民最常掛在嘴邊的還是這兩句話。於是如何讓「你們」跟「我們」變成「大家一起」，以及有福同享、有難同當的夥伴關係，就成了學習的重心。因此，執行團隊開始思考，要如何讓社區居民能夠有更多的參與感，以及承擔更多的責任。在幾次私下非正式的聊天中，團隊發現居民們其實是有自己的想法。只是在正式的場合中，一方面是缺乏自信，另一方面是尊重專業團隊，所以就比較不會表達自身的意見或建議。

同時，幾位熱心的居民也傳達出，若是能從課程的規畫安排、講師的挑選遴聘，到授課的方式與內容，都由社區內的組織如里長辦公室、社區發展協會及居民共同討論確認，應該可以提升居民的參與感與認同度。甚至部分課程若是由社區中的能人、達人自行擔任授課講師，或是透過居民的人脈，邀請社區周邊的專業人士，例如社區旁大賣場負責園藝部門的專業工作人員等，可以連結更多的人際關係，讓社區的關係網絡更完整。

更重要的是，經由大家共同討論的課程設計，除了顧及綠色環保、永續生態等主題知識的學習外，應該要特別注重在學習過程中，讓社區居民能理解其個體所擁有的權利、義務與責任，讓所學習的知識能在生活中應用，而能一起建構出和諧共居的社區生活群體，達成「生活式全程學習」以及「由居民改變居民」的理想。

有趣的是，在屬於基層自治體系的中聖里崔里長投入參與後，中聖里區域的幾棟大樓的管委會也紛紛配合課程的學習，並且分別在不同的社區開設不同主題的課程。例如A社區談如何照顧盆栽、B社區關注在公共空間的綠美化、C社區則以都市農園為學習重點。居民們也藉由上課的機會順便串門子，彼此分享發生在各自社區中的各種人、事、物的訊息，儼然形成一個「社區資訊交流網絡」，多元的關係網絡將居民們更緊密的連結在一起。

由行動到行為改變的實驗

「咦，邱媽媽您是用什麼水澆花啊？好像顏色不太一樣？」

「李伯伯，為什麼您認養的盆栽長得這麼好，綠油油的，連葉子都比我這盆多好多片呢？」

當課程的學習到一個段落，同時也辦理幾次的共識會議後，居民們決定要從騎樓的盆栽、社區中庭的農園，以及社區旁閒置空地的生態教室等幾個項目，做為所學習到知識的行動實踐。前期的課堂講授理論性知識的學習方式，也轉變成實際場域的實作學習，開始進一步以具體的操作執行，來邁向永續社區的目標。

首先在騎樓的盆栽部分；過去區公所為了街道的美觀以及讓機車退出騎樓，也有在騎樓設置盆栽的先例，但是因為缺乏配套的措施，往往盆栽擺在騎樓後，就因為沒人照顧，三個月後植物就枯死了，半年後連盆子也不見蹤影。然後，就好像什麼事也沒發生過一樣，騎樓還是停滿機車跟堆置雜物。為了避免同樣的狀況再次發生，居民們在幾次共識會議的討論過程中，就有騎樓店家提出，認為要建立了一個認養的機制，讓騎樓的盆栽能成為「社區的盆栽」，而不是「政府的盆栽」。

因此，大家討論後，決定先在社區布告欄徵求熱心的住戶，以家庭為單位，一家最多兩盆，與店家共同來認養騎樓的盆栽。然後讓認養的家庭跟同意要擺設盆栽的騎樓店家一起討論要種什麼植物，以免觸犯了什麼忌諱。初期自然以好照顧的耐陰性、耐旱性佳的多肉植物為主。確認好後，負責買盆栽的熱心居民還辦了一個彩繪植栽盆的親子活動，讓認養家庭中的小朋友也參與進來。當住戶與店家都有參與感的時候，不僅促成相互間的交流，澆水、施肥等的工作自然而然就成為認養家庭與店家共同分擔的日常生活行為的一部分。甚至因為盆栽上還掛著認養者的說明牌，隱隱約約的讓認養居民間產生一些「面子」問題。誰家的盆栽開花了，也成為社區的話題。

再來是社區中庭農園的部分，相較騎樓盆栽，屬於社區公共空間的中庭「都市農園」，牽涉的議題從綠植減碳到可食地景，以及環保生態等，並涉及水資源的再利用和廚餘、落葉的堆肥等技術項目。因此，在里長與里辦公室的協助下，社區管委會在社區原有的網路群組中，號召有興趣參與的居民，尤其是一些被兒女們從鄉村接到都市社區的長輩。像是被兒子從雲

圖14.2
盆栽種植學習課程。

林農村接到社區的陳伯伯，本來除了每天接送孫子上下學就無所事事。在里長及兒孫的鼓勵下，透過持續的學習，在原有的耕種習慣上，逐漸接受諸如有機栽培、樸門農法等的較可持續性並適合都市環境的種植方式。

陳伯伯透過以往在農村對應四時節氣的豐富耕種經驗，實驗出在都市社區中庭一年四季合適種植與收成較好的各類蔬菜品種。居民們發現了在都市的社區中需要棚架的瓜果類如絲瓜、苦瓜等，可能因為溫度、濕度以及風速等物理環境的影響，生長狀況不太理想。但是根莖類、葉菜類的就容易適應些。更因此開始注意到社區大樓間的通風、採光等與植物生長的關係。像是藤蔓類的「綠窗簾」模式，在社區中幾處栽植地點都因為照顧不易而很難存活，必須改弦易轍採用耐候性較佳的灌木，以達成運用綠植調整戶外空間溫度的目標。

至於閒置空地的生態教室部分，一開始是在地的社會組織桃園市築夢家族社區兒童發展協會的秀雪阿姨所提出的想法，希望能邀請社區居民，對於政府、里辦、地主三不管的社區邊緣閒置空地能有些行動。秀雪阿姨先是靠自己的信念，找到幾位夥伴一起努力，但是總有點事倍功半的感覺，然而唯有邀請居民參與社

圖14.3　騎樓盆栽現況。

區的學習活動，找到更多志同道合的夥伴後，才有機會可以真正的實踐。於是她積極的聯繫當時的桃園縣社區規劃師團隊尋求專業的協助，與社區居民一起主動提案，爭取到政府部門營建署城鄉風貌計畫和民間信義房屋社區一家幸福行動的資源支持，進行了社區生態教育園區的規劃與推動工作。在經過一年多時間的實作與實驗後，居民們開始有信心將綠色城鄉的理念，拓展到社區周邊的閒置空地。更多的家庭以親子共學的方式參與投入，在閒置空間中進行了生態環境調查、香草花園及雨水撲滿等的項目，讓永續發展的理念能植入居民的思維、行為與日常生活中。

從騎樓到閒置空間的一系列實驗學習及實作過程中，居民們感受到了自己的生活也在產生變化。例如為了節省澆灌植物的水資源消耗，社區除了設置雨水收集系統外，幾個參與較多的家庭，還從生活用水，諸如洗碗水、洗澡水的再利用來思考，並因而採用對於環境生態友善的洗碗精與清潔劑，讓自己的生活更健康也更環保。在持續進行的社區共識會議中，居民們也分享了他們發現從日常生活中發生頻率最高的生活習慣開始進行轉化，養成更符合綠色環保的生活習慣，是建構永續社區的有效策略。

因此，從騎樓盆栽的照顧開始，到社區中庭農園的耕種，乃至於周邊閒置空地的生態綠園建構。居民在日常生活中的用水習慣、飲食習慣、垃圾處理習慣，以及日用品採買習慣等都產生逐漸的改變。而且這些改變幾乎都是經由自主學習與實際操作的過程，從建立正確的思維理念做基礎，進而形成符合永續性的支持行為。

賦權與使能的漣漪效應

「里長阿姨，今年的里民旅遊活動可以去參訪桃米生態村嗎？」

「計畫經費可以用雇工購料的方式來改善廚餘跟落葉堆肥的設施嗎？」

計畫進行到第三年，持續參與的社區組織、志工和一些熱心居民在跟里長與計畫執行團隊討論新年度的工作項目時，很明顯的其主體性與主導性更強了，動力加上能力等於行動力，類似審議式民主跟參與式預算的技術面操作模式，就自然而然形成了。以往覺得是公部門該負責的社區治安、交通疏導、公共區域環境整理等，居民們也開始有些新的想法，例如連接幾棟社區大樓的警衛及愛心店家形成鄰里守望系統（Neighborhood Watch），以及在上、下學時段建立通學路社區導護模式等，都可以看到居民在持續的學習成長，表達自己對生活環境「好還要更好」的期望。

從單點的植栽綠化開始，居民們主動爭取承擔更多的社區維運工作，在賦權的過程中，能力也同時在養成。例如認養盆栽後會牽涉到澆水施肥，要解決澆水施肥就會碰觸到水資源回收再利用以及廚餘、落葉堆肥等的技術操作。而要操作得好，必然要牽動到源頭的生活習慣配合。這還只是認養盆栽所引起的變化。至於社區中庭農園跟閒置空地生態園區所涉及的課題就更廣泛了，諸如耕種作物收穫的合理分配、結合學校課程的生態教育模式，以及關係到計畫整體運作的溝通交流平台與行政庶務的標準流程訂定等。

從居民個體被賦予權力，到學習實作能力，然後集結成有效運行的同好團體組織，再進一步建立可扮演不同角色、協商分工合作的社群平台網絡，過程中可以觀察到居民不斷在自主學習成長，並且適時引入外部支援體系，建置社區綠色團購、藝文活動班隊、公共議題論壇等，以提升社區生活品質。並且在遇到困難的時候，例如部分社區居民「搭便車」的行為，乃至於汙名化參與者用心的時候，總會有居民願意透過社區中的各個正式或非正式的管道，說明及澄清一些誤解，讓多數的民眾能夠信任與支持。

改變居民來自居民改變

「本群公告，下週六社區一家一菜POT-LUCK活動，蔬菜部分是社區中庭自產，由媽媽烹飪班調理。歡迎住戶準備其他菜餚參與。」

「徵求願意一起報名區公所減重大賽的夥

圖14.4
中庭農園現況。

伴，讓我們生活的更輕鬆！意者請洽管委會。」

對於執行單位來說，計畫早已在二〇〇八年就結束了。回顧在當年國科會的結案報告中所強調的：跳脫傳統由上而下的「垂直依賴模式」，建構由社區民眾、政府公部門，以及第三部門（包含NGO、NPO、專業組織等）皆有各自的角色扮演、功能定位與運作機制的「三角互補模式」。這個計畫在「社區層級的永續指標研擬」、「社區交通寧適化與永續性行動」，以及「社區公共空間防災與永續發展」三個主要面向，均達到預期的成果效益。尤其在滿足社區居民的生活機能部分，以生態環境的永續為核心理念，在社區公共空間的場域中，由社區居民自主的進行實際操作，對於「既能滿足我們現今的需求，又不損害子孫後代，同時能滿足他們需求」的永續發展模式做了實際的詮釋案例。而且在計畫執行的三年當中，社區居民也發展出與政府及第三部門的「互補」關係，讓單向的「施」與「受」，能夠轉變為平等互惠。

但是對於居民與在地的社區組織，生活的變化仍在持續進行中。不變的是，崔里長已經連任四屆了，二〇一八年是沒有對手的同額競選。大兒子也在當年的地方選舉中，同時當選隔壁中泰里的里長；秀雪阿姨還是在NGO組織中活躍著，二〇二〇年還在董老師的指導下取得碩士學位，論文研究主題就是桃園社區規劃師制度的在地實踐；國聖一街騎樓跟停車通道上的盆栽還是有人在認養照顧，欣欣向榮；社區中庭的菜圃也還是支援著社區關懷據點送餐服務與節慶活動所需的蔬菜食材；宏昌十三街邊的閒置空地則從生態教育實驗的場域，轉換成更符合居民生活需求的寵物生態公園。居民也持續的主動提案爭取公、私部門的資源來支持，「搖旗吶喊上學去」、「管家婆工作隊」、「親子其築夢—開放造家園」、「讓我們快快樂樂生活在一起」、「失落的地平線—拯救香格里拉」、「中聖社區多功能藝文俱樂部與終身學習」，一個一個的提案代表居民們越來越重視自己的生活環境，也願意從「坐而言」的冷漠旁觀，到「起而行」的積極參與。

「綠色城鄉、永續社區」這個實驗計畫從人出發，到人際網絡的建構，到生活規範的養成，以及最後的可持續發展，我們可以看到社區居民潛在的「生活素養」在轉變。例如以往在鄉村農忙時的「換工」，在盆栽認養以及中庭都市農園的項目運作中再現。「都市換工」成為社區產生共同記憶跟連結情感的新方式。今天你幫我澆水，明天我順手幫你摘除雜草，社區友善的氛圍就逐漸形成了。影響所及，一些公共議題的倡議與推動就有了理性討論與交流的信任基礎，而居民的改變也在這樣的基礎上穩定前行。

執行團隊的夥伴們在這十多年間，與社區的一些居民保持著聯繫，也回去探訪過幾次。我們很高興看到在計畫過程中居民透過學習與行動產生的改變，已經成了日常生活的行為習慣，而且持續影響、改變周邊的社區居民。對照計畫顧問李永展老師在團隊執行初期所提出的生活、生產、生態，與體制的「三生一體」的基本理念，民眾參與的必要性與必然性已經成型。而社區關注的公共議題也從居民的有機生活又擴散到流浪動物的關懷照顧等，展現出以環境萬物為核心價值的理想。走在中聖里的街區道路上，可以感受到相較周邊更高品質的生活感與更富情趣的環境氛圍。我們相信這樣的正向「生活循環」（Life Circuit）將會持續下去！因為只有來自居民自主追求更好生活的改變，才是真正能持久產生改變居民的動力，進而吸引更多認同理念的居民加入，一起朝向更美好的社區生活邁進！

15

微笑基隆Smiling Keelung：社區共創翻轉基隆

徐燕興——文

徐燕興——台大建築與城鄉所博士，從事公務人員二十二年，致力於有在地特色的地點打造（placemaking）方法。曾經參與與籌劃台北整建維護制度建立、大稻埕保存與再生、台北都市再生前進基地（URS）、台北Open Green與參與式都市計畫通盤檢討等計畫。近年來擔任基隆市都市發展處處長，以共創、參與與開放方式，推動城市發展，營造更民主的空間治理模式。

圖15.1
年輕新血共同參與社區改造過程（都市里人規劃設計有限公司提供）。

教戰守則

- 建立關係化的平台：在地資深社區頭人、年輕人與有志推動社區事務的政府承辦人建立關係網絡。
- 身體感的訓練：提供社區各種身體參與空間的訓練，提昇社區理解環境的能力，並得以聽懂事業者和政府的語言，作為參與城市治理的基礎。
- 地方政府與公民一起成長。

基隆為太平洋第一條島鏈居中的良港，戰略與貿易地位兼具，為台灣最早現代化的城市，有台灣第一個現代化漁港，是第一條鐵路和第一條高速公路起點，也設有第一個工業區，以及第一個文化中心等。眾多現代化建設，在極短時間內灌進當時只是漁村的城市。但如今，隨著台北首要化的磁吸，貨運技術提升與台北港開港，基隆已不是當年全球第七大貨櫃港，基隆長期面臨人才枯竭、地方老化、缺少新活力等挑戰，好生活一度從期盼，變成絕望。

如何回應現代化被破壞的地理與幸福日常，又必須讓絕望的社會氣氛得到翻轉，作為基隆的執政團隊，我們深知除了物質層次的行動，精神與心理層次也同樣重要。然而深知過去就是快速的現代化建設，缺乏地方社會的相互對話，我們試圖轉變過去只重視建設與只重視既有社經網絡的侍從主義，以「回到地理」與「共創」兩個策略，建構具在地紋理，並開放積極與公民合作與共創。為此，我們重啟中央「社區規劃師」制度，爭取更充足的預算，並改良合約，讓「社區規劃師」所做的不只是鄰里工程，而是新社會關係化的社會基礎工程。

二〇一五年開始，基隆市政府與都市里人規劃設計有限公司合作「社區規劃師計畫」、「微笑基隆Smiling Keelung」，並與具公共性格的社區頭人合作，從社區環境改善開始，培力社區、奠基城市再生的基礎。我們從盤點基隆的社區狀況開始，面對二線城市經費不足、地區設施長期未興闢與維護、人口老化與臥城現象，所導致的地方經濟與活力停滯，這樣的狀態要談整體的社區規劃，是極其困難。重啟社區規劃師計畫，不僅是社區規模的環境改善，更是群我的修補與找回快樂的集體治療，故以「微笑基隆Smiling Keelung」為該計畫的核心。

作為基隆再生的引擎，該計畫重新盤整在地的社區社群、挖掘在地特色、培力基隆市民、串連市政重大計畫（讓規劃成為日常）、累積社區能量、建立地區共識與願景，以爭取更大規模的改善經費，以及照顧弱勢族群，試圖重新找回市民信心與榮耀。

開放各界參與，城市改造

受到全球化後社會不公所衍生的各項運動的啟蒙，近年來青年參與政治的程度有顯著提升（以香港雨傘運動與台灣太陽花運動為例）。相對於過去，青年為了生存對於地方事務較不關心，現在城市的年輕世代，普遍比上一世代更關心地方與永續議題，更願意投入地方事務。為此微笑基隆Smiling Keelung計畫第一步，就是開放讓青年與社群可以參與社區規劃師計畫，並跟國內各空間專業系所合作，邀請已故中原大學教授喻肇青老師的團隊、實踐大學、文化大學師生等，辦理各類地區工作坊，透過這些工作坊，邀請地方頭人、文史工作者、青年團體及長期參與社區營造的地方長老，一起共創。

這樣的過程讓青年理解地方感不是鄉愁，也不是社區特色符號的轉譯，而應該有更多陪伴與互為主體的理解。另外，都市發展處與台大建築與城鄉研究所合作，藉由所上的實習課，讓具參與理念的專業老師與學生，進入社區與「社區規劃師」團隊一起合作。透過對過往社區規劃師制度的修正，讓青年人更理解社區工作，也讓在地社區認識青年的需求，修正過往社區事務多處理既有的問題，缺少未來生活建構的討論與投資。

市政府更進一步每年彙整重要計畫及關鍵議題，與社區頭人參詳討論，並串接民政、文化及社會等跨部門合作，提供資源轉介及環境改善協作，如串接資源共同改善社區照護中心及長照據點環境及相關服務等，讓社區改造能回應社區重大課題，包括因應全球化與都會化的地方問題。為持續擴大參與，讓更多關心公

圖15.2
國小學童用模型展現自己對學校改造的構想（都市里人規劃設計有限公司提供）。

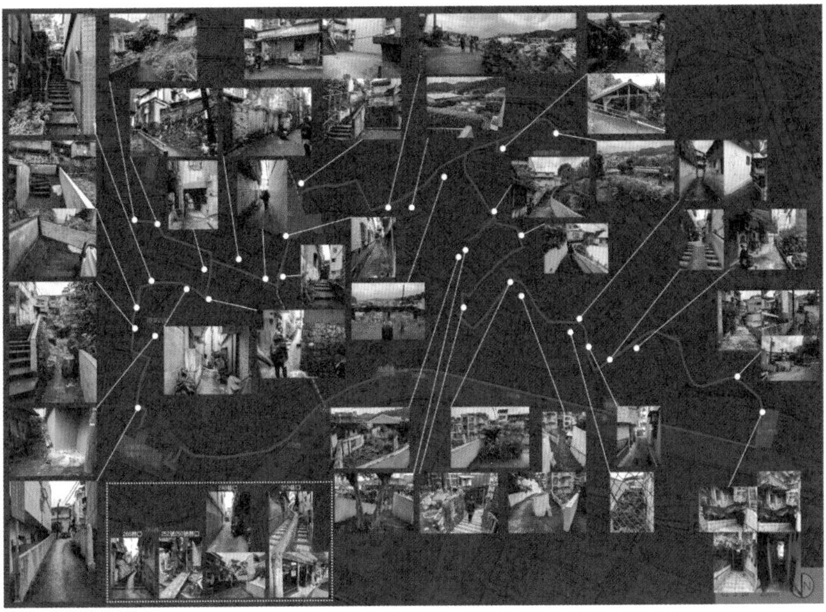

圖15.3 安一路沿線（蚵殼港）地區現場踏查（都市里人規劃設計有限公司提供）。

共事務的市民有舞台發揮，我們也引入社區構築工作坊（木構工作坊、空間模型製作）的方法，培力社區居民身體、技術與空間感的能力，並深化地方紋理的理解，做為以市民為主體的地方構築。

除此之外，社區規劃師計畫也盤點過往參與社區規劃、設計及實作的人才，建置社區人才資料庫、整合民間資源，媒合不同社群跨社區交流與協助。像是武崙里里長經由本計畫的媒合，跨出行政疆界，由該里某社區的泥作達人，協助內寮里改善閒置天橋，不只重新找回空間使用的可能性，更創造了新的社群關係。

從游擊式單點營造到長期都市規劃

二〇一五年至今，微笑基隆 Smiling Keelung計畫共累積一一二個社區空間改造點，包含校園空間的改造、地區公園改善、兒童遊具構築、大型公寓大廈社區的改造、藝術介入空間引動弱勢社區新動能，以及社區福利工作站的社會設計改造等。我們也邀集逐年投入社區改造、具有公共意識的社區以及公部門夥伴，共同進行地區願景討論，並依議題現場踏查及召開小會，逐步收斂、凝聚共識，社區空間改造點，從點串聯出線及面。市政府也進一步邀集交通、都市計畫、住宅、社福與教育部門，從預算與公共資源角度，討論地方再生的工作，逐步回到以地方、社區為主體的城市治理體制。

讓社區成為主角的都市規劃並不容易，就我長期的觀察，最重要是台灣憲政體制的歷史過程是外生而來，不是經由反抗而生，雖有溫柔的民主改革，且政府組成已經由人民所選出，但過往殖民與集權政體的認知，還是深深影響地方社會與社區。社區仍有政府／社會（社區）二元對立的意識，討論會中不時回到這樣的經驗與關注，對於制度面與政策面，還認為應回到政府既有體制內。另外政府組成的公務人員，依章辦事，缺少專業熱情。對他們而言，「社區」只是工作一個物件。也因此，政府／社會（社區）的對立與隔閡愈來愈大，相互不信任，成為社區規劃要成為都市規劃基礎的最大困境。

因此，市府團隊用熱情、開放的心態，身先士卒做模型、寫報告、寫簡報，吸引一批有熱情的專業者，來到基隆市政府擔任基礎公務員的工作。同步在都市發展處內部，召開如設計平台、規劃平台與各專案平台，讓各科中層幹部與基層幹部，共同參與計畫的形成，並不時邀請具參與實作的專家與社區工作者演講。並且讓各科或多或少展開一些具參與內涵的新政策，如建築管理科舉辦山海建築論壇，邀請社區與在地建築師一起參與論壇與策展，動員建築管理科全部同仁，以了解地理與社區開始，慢慢帶動具地方感的官員。

以暖暖老街地區為例，老街周邊至今已累積七處社區改造點，社區對於公共討論、共好意識以及社區改造技術皆有一定能量。因此，微笑基隆Smiling Keelung計畫主持人，邀集在地各種角色（包含議員、里長辦公室、社區發展協會、國小國中校長、在地NGO組織、各相關局處人員等）進行地區規劃願景討論，藉此梳理社區結構性問題，並促進各參與者打破原本疆界，討論地區規劃範疇；藉此理出不同議題脈絡，再分小場次深刻踏查及討論，深入勾勒社區想法，針對如何回到地區規劃，研商不同尺度的議題與如何共同行動，凝聚長期願景共識，進而結合本市都市計畫整併進程，作為都市計畫變更前導與基礎。

案例：從修理達人到「社區工班」

社區規劃師改善社區環境的過程，並非空間背景人才的單一專業所能獨自完成，自二〇一五年至今，基隆社區人才大致可分為幾類，包含企劃型、整合型、管理型、技術型及連結型。據此我們建立社區人才資料庫，除主動媒合各社區互相交流協作，更進一步針對技術型人才（如：泥水工、水電工、木工、鐵工、園藝工等），讓社區達人成為「老師」，取代僱「工」施作。除了讓社區更直接學習技術外，也是建立社區達人的自信，從「工匠」轉變為「講師」，進而改變「關係」。

除此之外，我們更進一步組織社區達人、啟動「社區工班」，以「弱勢住居公共空間修繕」為標的，主動協助弱勢社群進行空間品質改善。由微笑基隆Smiling Keelung計畫團隊

右｜圖15.4
社區人資料庫建置概念與專才（都市里人規劃設計有限公司提供）。

下｜圖15.5
都發處徐燕興處長（作者）為社區達人頒獎（都市里人規劃設計有限公司提供）。

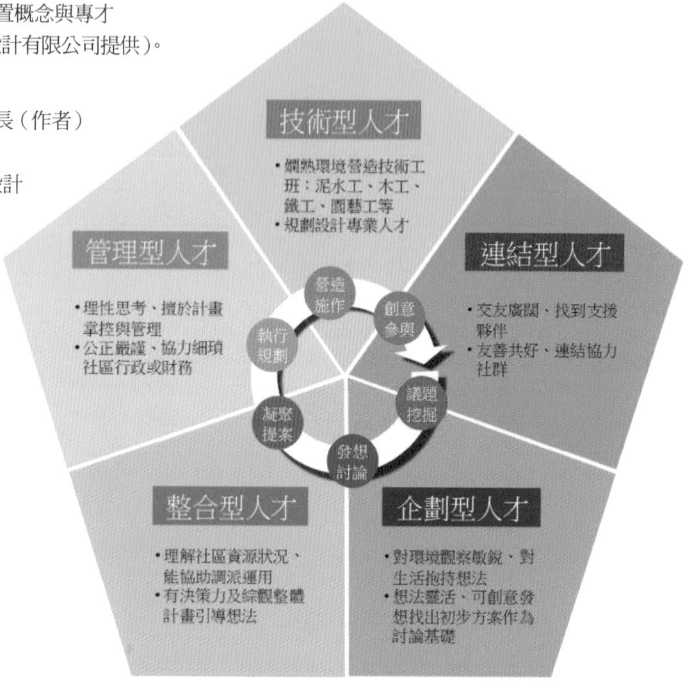

與市政府住宅部門引介，視空間改造規模及項目，由社區工班不同技術成員共同提出改善方案，秉持「雇工購料」的自主營造精神，由社區工班帶領社區成員共同施作，共學共作一起維護社區的家園環境。

二〇二〇年，社區工班嘗試以碇祥社區國宅弱勢戶樓梯間進行評估，並與當地NGO組織「左下角工作室」合作，共同場勘及提出改善方案，針對已經腐朽損壞的扶手改善方案提出做法，並結合微笑基隆Smiling Keelung計畫團隊，製作改善方案模型，作為溝通輔助工具，與居民討論共同施作及協力機制，結合志工成立防跌工班，協助老人居家環境改善（包含安裝扶手、貼止滑條等室內空間改善），降低長者跌倒可能性，維持長者在社區獨立健康生活，減少醫療資源耗費與家庭負擔。

防跌工班的協助並非傳統免費的福利方式，社區長者需負擔材料費以及「換工」時數，長者則以才藝、故事、特長等，交換防跌工班志工之施作時數。由此而來，長者不再純粹是福利的接受者，而是對等互動，透過這樣的機制設計，從從家裡走出來，從接受者、換工到

圖15.6
碇祥社區國宅樓弱勢戶梯間改造討論
（都市里人規劃設計有限公司提供）。

重回到社區。

組成防跌工班，一方面是讓多數已經退休的社區資深技術人員可以重回社會，藉由參與社會得到身心的健康；一方面也突破既有制度規章，如目前規定政府許多補貼制度，不能進入社區與家戶，但即使有補助，政府的補助經費也不足以進行實質的改善，此外，專業與技術的溝通對長輩而言常常是個障礙，社區長者即使想要改善社區或居家無障礙環境，其能力與社會關係也無法獨立完成。因此，地方達人團隊適時填補了政府規章的不足，以及社區長者與社會脫節的空白。在基隆由於高齡化嚴重且政府預算不足，社區工班適切回應了地方的困境。

微笑基隆：社會共好的平台

基隆「社區工班」的工作，漸漸引發關注弱勢權利組織的關注，除防跌工班，二〇二一年民間自發成立基隆市天行者慈善協會，推動弱勢住民的生活扶助與空間改善工作，市府更企圖整合這些團體與「社區工班」協力，讓組織動能回到社會，才能讓此項工作長長久久。

過去，現代化的營造法規造成高營造成本，也造成社區層次的微構築無法取得合法的建築許可，限制多元營造的可能。為此，基隆市政府調整地方的建築法令，准許社區規劃的構築得以取得合法執造，打開專業宰制營造的侷限。同步也修訂都市計畫原則，藉由新原則的訂定與落實，讓社區規劃與參與成為都市規劃過程的必要程序。

只要人與地的存在，空間鬥爭與抵抗故事

就會發生。台灣歷經殖民、威權政治，空間鬥爭總是被鎮壓與壓抑。都市與社區規劃本該回應空間競合的課題，然而台灣都市規劃的誕生卻是殖民與發展的副產品，將規劃專業窄化為技術操作，規劃、設計相關空間體制的主體係回應發展型國家所需。相對於機構型的治理，近三十年台灣地方再造的努力，從社區營造計畫與地方創生政策，各地團體的努力，打造出活力、互助的台灣社會。

源源不窮精彩的地方故事將會持續發生，但是一直停留在底層第一線的社區力量與行動，遠遠無法提升成為城市治理的一環，基隆市政府過去幾年藉由微笑基隆Smiling Keelung的社區規劃計畫作為平台，就是希望透過政府積極主動參與社區的過程，向社區學習，同時也提供既有法規與制度修正的經驗與基礎，打造具具地方主體性地的共好新社會。

野力再生
翻轉社區營造DNA

左岸設計　351

主　　編　侯志仁
總 編 輯　黃秀如
責任編輯　林巧玲
行銷企劃　蔡竣宇

社　　長　郭重興
發 行 人　曾大福
出　　版　左岸文化
發　　行　遠足文化事業股份有限公司
　　　　　231台北縣新店市民權路108-2號9樓
電　　話　(02)2218-1417
傳　　真　(02)2218-8057
客服專線　0800-221-029
E-Mail　rivegauche2002@gmail.com
網　　站　facebook.com/RiveGauchePublishingHouse
法律顧問　華洋國際專利商標事務所　蘇文生律師
印　　刷　呈靖彩藝有限公司
初版一刷　2022年12月

定　　價　450元
I S B N　978-626-7209-06-6
I S B N　9786267209080(PDF)
I S B N　9786267209073(EPUB)

歡迎團體訂購，另有優惠，請洽業務部，
(02)2218-1417分機1124、1135

野力再生：翻轉社區營造DNA／
侯志仁主編.
－初版.－新北市：左岸文化出版：
遠足文化事業股份有限公司發行，
2022.12
　面；　公分.
－(左岸設計；351)
ISBN 978-626-7209-06-6
(平裝)
1.CST: 社區總體營造
2.CST: 文集　3.CST: 台灣
545.0933　　　111019078